全球能源互联网关键技术

袁飞　黄珊　编著

The Key Technologies in Global Energy Interconnection

·北京·

全球能源互联网就是将全世界的电网联结起来，形成一张调度灵活、可以合理分配能源的电网。

本书共分六章，介绍了全球能源互联网各环节的关键技术：第一章是全球能源互联网概述；第二章介绍了先进发电技术，主要包括太阳能发电技术、风力发电技术、生物质能发电技术、潮汐发电技术；第三章介绍了先进输电技术，主要包括柔性直流输电技术、特高压技术、超导输电技术、半波长交流输电技术；第四章介绍了先进配电技术，主要包括分布式能源技术、微电网技术、储能技术；第五章介绍了先进用电技术，主要包括智能电表技术、电动汽车技术、智慧社区；第六章介绍了尖端技术在全球能源互联网中的应用，主要包括人工智能技术、大数据技术、无线输电技术、先进电力设备。

本书内容新颖实用，语言通俗易懂，适合电力行业从业人员或关注全球能源互联网的科技人士阅读，也可供高等院校电气工程等相关专业的师生参考。

图书在版编目（CIP）数据

全球能源互联网关键技术/袁飞，黄珊编著．—北京：化学工业出版社，2019.6

ISBN 978-7-122-34014-6

Ⅰ.①全…　Ⅱ.①袁…②黄…　Ⅲ.①互联网络-应用-能源发展-研究　Ⅳ.①F407.2-39

中国版本图书馆CIP数据核字（2019）第039805号

责任编辑：耍利娜　　文字编辑：吴开亮

责任校对：边　涛　　装帧设计：王晓宇

出版发行：化学工业出版社（北京市东城区青年湖南街13号　邮政编码100011）

印　　装：中煤（北京）印务有限公司

710mm×1000mm　1/16　印张10½　字数168千字

2019年6月北京第1版第1次印刷

购书咨询：010-64518888　　售后服务：010-64518899

网　　址：http://www.cip.com.cn

凡购买本书，如有缺损质量问题，本社销售中心负责调换。

定　　价：48.00元

序

几年前我刚到英国的时候，国家间的电网互联还是很新鲜的事情，那时候我知道的大概就只有英国和法国正在通过柔性直流输电技术进行联网。过去国家、区域电网互联工程并不多，一方面是没有这方面的需求，另一方面也是因为跨国、跨区域联网技术难度太大。这些年各国电源和电力负荷快速增长，电力技术也迅猛发展，跨国家、跨区域的电能调度已经迫在眉睫，不论从需求上还是技术上，跨国、跨区域甚至全球联网的机遇已经成熟。

在全世界范围内，还有很多地区是无法保证全天全年的电力供应的，而在另外一些地方，发出来的电能却无法消纳，这些地方可能相距很远，互不联通，如果能有延伸至全球的电网对电能统一调度、统一分配，那么电能富余地区就可以多生产电能，送到电能缺乏的地区，这是建设全球能源互联网的一个重要意义。

多年来中国的电力技术发展迅猛，特高压和清洁能源技术已经成为中国的名片。在中国电力行业的发展过程中，偏远地区用电、远距离输电、集中式与分布式可再生能源发电、柔性直流输电、柔性交流输电等都有经验。2015年9月，中国倡议构建全球能源互联网，我觉得恰好可以将中国这些年电力发展的经验引入世界。电力行业是各行各业的基础，不论哪个行业要快速发展，安全可靠的电力供应都是必不可少的。全球能源互联网将全世界电网建成一张网，实现电能的互联互通，为全球经济跨越式发展奠定坚实的基础。

全球能源互联网的构建是一项复杂的工程，需要许多先进的电力技术的支持，未来电力工作者、科技发烧友应该对这些技术非常熟悉。实际上当前能够全部熟知这些技术的人并不多，一方面，电力领域的技术知识比较专一，很少有浅显的论文或著作，毫无基础的人读起来会比较困难；另一方面，没有系统的著作能够全部集合这些技术，如果想要全部了解，必须读很多书和论文，有这番精力的人也少之又少，比如我对继电保护熟悉，但是对于可再生能源领域就不太熟悉。所以，一本全面介绍全球能源互联网中先进技术且写法浅显易懂的著作是很有必要出版的。

本书就是一本全面介绍全球能源互联网中相关技术的著作，作者一直从事全球能源互联网的相关工作，对于全球能源互联网的意义及技术有着深刻的理解，相信他的作品能帮助读者对全球能源互联网中的先进技术有整体的把握和理解。

全球能源互联网是一项宏大的构想，实现这个构想需要付出巨大的努力。希望有更多的人能够通过本书了解全球能源互联网中的先进技术，为全球能源互联网构想的实现付出自己的努力！

刘逸辰

曼彻斯特大学　电气工程博士

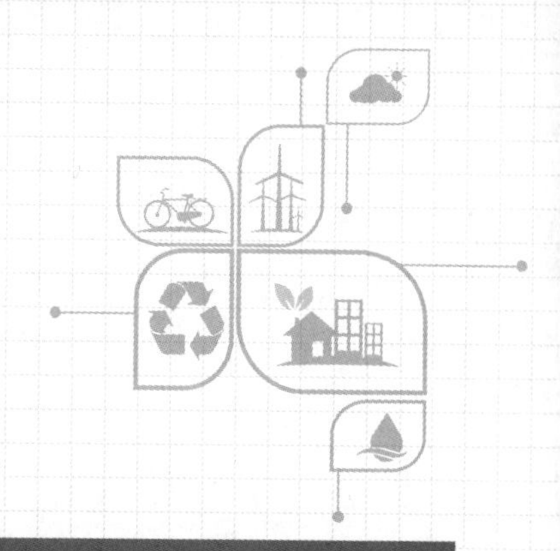

前言 PREFACE

全球能源互联网，就是将全世界的电网联结起来，形成的一张调度灵活、可以合理分配能源的电网。这项战略一经提出，便立刻受到了国内外的广泛关注。特别是在中国于2015年联合国发展峰会上倡议构建全球能源互联网之后，全球范围内掀起了区域联网、能源互通的高潮。

全球能源互联网能够受到如此瞩目并得到如此大的支持力度，主要原因还是在于它确实惠及民生，可以有效利用资源，减少环境污染，也是一条解决能源短缺问题和能源安全问题的有效途径。

当前构建全球能源互联网已经成为很多能源大国以及大型电力公司的重要战略，但是编者发现，尽管大家早已对全球能源互联网耳熟能详，但是除了专门做研究的专家和技术人员，对于在全球能源互联网中需要用到的先进技术，多数人却不十分了解。对于特高压、柔性直流输电、新能源等技术，即便是电力科班出身的人，也不一定能说出这些技术到底好在哪里、新在哪里、用在什么地方。在一个发达城市的电力公司中，只有少数的人对这些技术有所了解，除非是专门研究某个领域的人员，其他人很少会去主动了解这些新技术。

究其原因，编者认为，一方面，当前关于这些技术的资料过于高深，对于很多专家的论文和专著，想要读懂必须要具有相当扎实的基础和相当丰富的知识面，甚至拥有多年电气专业背景的专业人员都很难完全理解，市面上根本找不到能够通俗易懂地讲解这些先进技术的书籍；另一方面，当前市面上缺乏能够囊括这些先进技术的书籍，一般一本书只介绍一项技术，如果想要完全了解这些新技术，可能要买数十本书，花很多年才能读完，如果不是对电气领域特别热爱，恐怕很难有人能做到。

编者发现身边不少电力从业者及对科技比较感兴趣的朋友，都迫切地希望能有一本可以全面而通俗地介绍全球能源互联网中先进技术的书。因此，编者希望将本书写成一本尽量能够囊括全球能源互联网中先进技术并且通俗易懂的科普读物。在本书中编者将通过深入浅出的描述方式，将一项先进技术的简单原理、优势、存在的问题、应用情况和发展趋势等全面地介绍给读者。读者在阅读本书的过程中，可以很轻松地对全球能源互联网中的先进技术进行了解。

本书第一章、第二章、第三章和第六章由袁飞撰写，第四章和第五章由黄珊撰写。希望本书能够尽可能全面地将全球能源互联网中的先进技术介绍给大家，也希望能激发大家对于全球能源互联网的兴趣。

由于时间和水平有限，书中难免存在不足之处，望广大专家和读者批评指正。

编著者

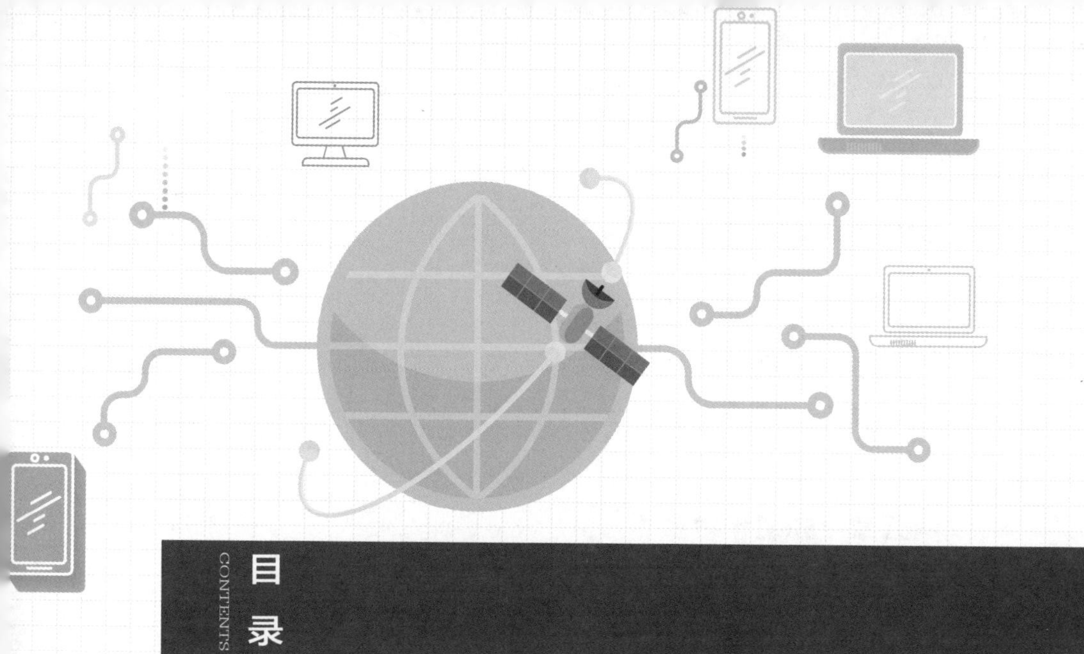

目录 CONTENTS

第一章
全球能源互联网概述

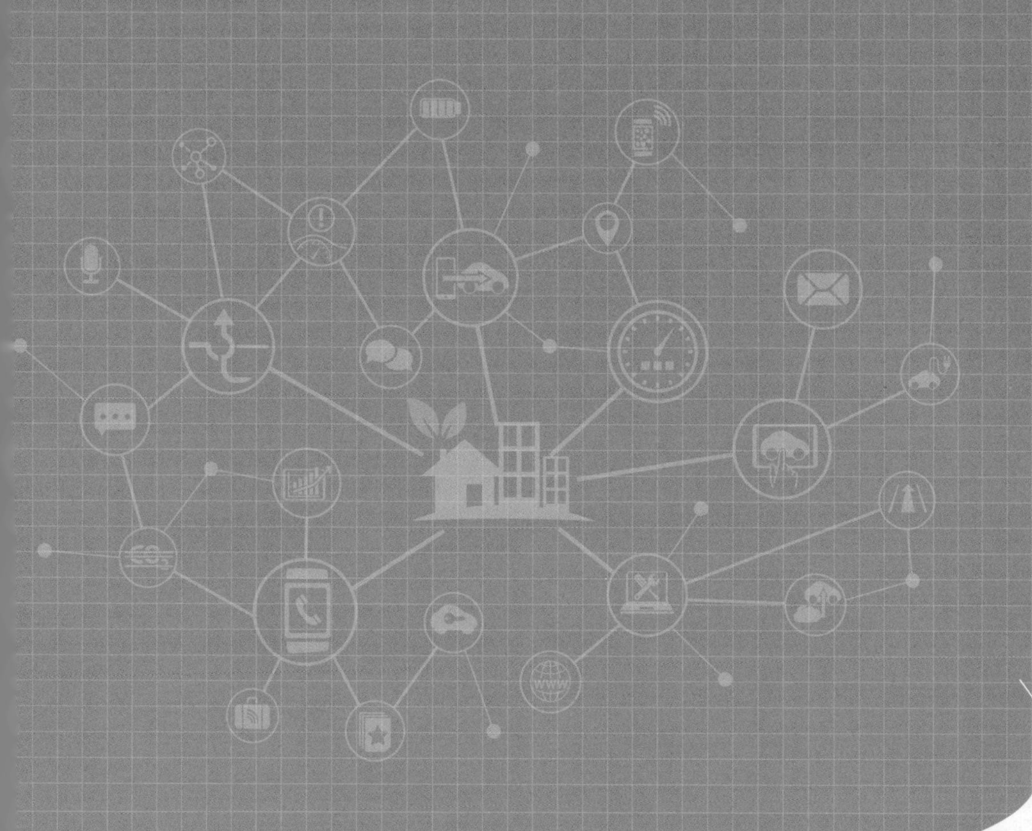

Chapter 1

我们生活的地球是一个充满资源和能源的地方。赤道地区常年被阳光照射，光照资源充足；北极和南极地区常年有大风，风力资源丰富；海洋的洋流随着地球自转以及天体运动不停流动，蕴藏着巨大的动能和势能；农业地区会产生大量的秸秆、谷皮等，是重要的生物质能。但是地球上也有许多地区存在能源短缺的问题，美国、日本等发达国家的石油、煤炭和电力供应已经不能满足工业生产和生活的需求，巴西、印度、南非等发展中国家的能源供应已经跟不上经济人口快速增长的节奏，中国东南沿海地区也出现了能源供应紧张的问题。

世界当前的格局就是这样：有的地方资源和能源充足却无法得到充分利用，有的地方急需资源和能源却无处可求。如果将存在于不同地区的不同类型的资源和能源转化成同一种形式，通过遍布全球的通道输送到缺乏的地区，那么这个问题将会迎刃而解。

地球是一个资源和能源分布不均的地方

全球能源互联网就是以这样的思路解决全球能源分布不均的问题。全球能源互联网是在电网发展到一定程度后，将全世界的电网进行互联。如果将太阳能、风能、生物质能和潮汐能都转化为电能，通过这张延伸到世界各个角落的大型电网实现全球能源的互联互通，就能解决当前全球能源中心与负荷中心距离远的问题。

然而，全球能源互联网的构建，需要具备三个重要条件。

首先，要实现能源的清洁替代。所谓“清洁替代”，实际上就是利用风能、光伏等可再生能源发电方式替代传统的火电等有污染的发电方式，因此未来一定会淘汰一批污染严重的火电厂，并且大规模地上马可再生能源发电项目。风力发电、光伏发电、生物质能发电和潮汐发电等先进发电技术，将成为全球能源互联网的重要支撑。

清洁替代是全球能源互联网构建的重要条件

其次，泛在智能电网的建设，也是构建全球能源互联网的重要条件。智能电网是电网的高级形式，利用各种先进通信技术、先进控制技术等使电网更加可靠、经济、安全，环境更友好。智能电网是全球能源互联网的基本单元。实际上，国家、地区层级的电网需要先实现智能化，才能够安全稳定地进行互联。为实现泛在智能电网的构建，智能电表技术、AMI（Advanced Metering Infrastructure，高级计量架构）技术、柔性交直流技术以及先进通信技术和先进控制技术是不可缺少的。

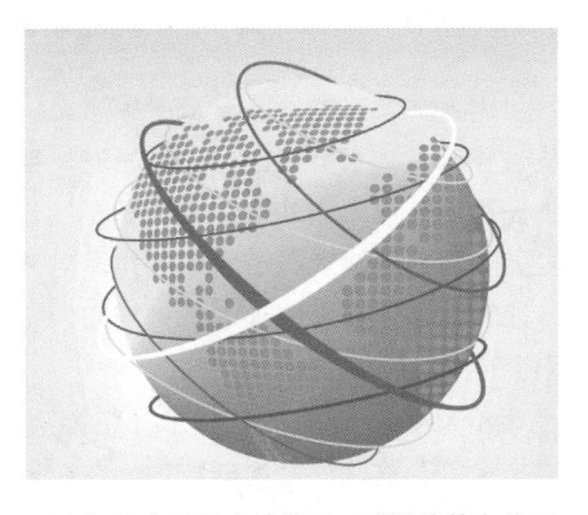

泛在智能电网是全球能源互联网的基本单元

最后，远距离输电技术和电网互联技术也是实现全球能源互联网的重要条件。远距离输电技术可以实现电能的直接跨区域调控，电网互联技术可以实现不同电网的互联互通，在清洁替代和泛在智能电网的构建完成后，采用先进的电网间互联技术将国家、区域的电网进行互联，就是全球能源互联网构建的重要步骤。远距离输电和电网互联一般采用高电压、大容量的输电技术来实现，当前的特高压交流技术和特高压直流技术，就是实现电网互联和远距离大容量送电的重要技术，未来超导输电技术、半波长输电技术甚至无线输电技术都将在远距离输电和电网互联中扮演重要的角色。

先进输电技术是未来全球能源互联互通的重要通道

全球能源互联网对于人类未来的发展有着重要意义，本书将主要介绍全球能源互联网中的先进技术。本书分五部分，即先进发电技术、先进输电技术、先进配电技术、先进用电技术和其他尖端技术。

先进发电技术主要介绍太阳能发电技术、风力发电技术、生物质能发电技术和潮汐发电技术四种清洁能源发电技术，未来它们将成为全球能源互联网中的重要电源技术。

先进输电技术主要介绍柔性直流输电技术、特高压技术、超导输电技术、半波长交流输电技术等，这些先进输电技术将在未来肩负着能源调控与传输的重任，是全球能源互联网中最重要的技术。

先进配电技术主要包括分布式能源技术、微电网技术和储能技术，先进配电技术关系着电网中的电能能否保质保量地到达用户，是未来可靠用电的重要保障。

先进用电技术包括智能电表技术、电动汽车技术和智慧社区。如果电能的合理调配已经实现，那么如何更好地使用电能才是人们最关心的问题。

其他尖端技术主要包括人工智能技术、大数据技术、无线输电技术以及先进电力设备等在全球能源互联网中的应用。科技的发展日新月异，全球能源互联网只有与最尖端的技术相结合，才能更大地发挥自身作用。

在未来全球能源互联网的构建和发展中，先进的技术将会越来越多，本书对当前全球能源互联网中的先进技术进行了总结和描述，希望能使读者对全球能源互联网及其先进技术有更深入的认识。

第二章
先进发电技术

Chapter 2

一、太阳能发电技术

1 太阳能发电技术的利用

在全球能源互联网的构建中，开发利用“一极一道”的可再生能源，是一个非常重要而且十分关键的过程。在北极及其他风力资源丰富的地区建设风电场，在赤道及其他光照充足的地区建设太阳能电站，通过特高压技术将这些电力资源输送到世界范围内电能短缺的地区，将改善全球能源分布不均的状况。通过这个庞大的工程，取之不尽、用之不竭的风力资源和光照资源将为人类社会发展提供无尽的动力，而成熟的可再生能源发电技术是这一过程成功实现的关键。

太阳能是地球上绝大多数能源的主要来源，太阳能发电技术是重要的可再生能源利用技术。对太阳能的利用一直是人类生存发展的重要技术。人类很早就已经学会使用镜面反射采集阳光来取火或对物体进行加热，这是人类简单对太阳能的应用。随着电气时代的来临，人们开始尝试将太阳能转化为电能。在19世纪中期，法国科学家发现了“光生伏特效应”，为光电转化提供了重要的基础。1954年，贝尔实验室率先制造出可以商业化应用的太阳能电池，使太阳能发电成为现实，带动了光伏发电产业的迅速崛起。随后，利用阳光中的热量进行发电的光热发电技术也迅速实现并应用，使太阳能成为目前全球重要的电力来源，并且推动着人类能源利用的重大变革。

对太阳能的利用一直是人类生存和发展的重要技术

目前主要的太阳能发电技术包括光伏发电技术和光热发电技术。光伏发电技术已经发展得相当成熟，当前全球范围内也已建成了具有相当规模的光伏发电站。截止到2016年底，世界光伏发电装机容量已达305GW，中国光伏发电装机容量则已达到77.42GW；而光热发电技术还处在发展期，全球光热发电装机容量在4.8GW左右，但是世界各国已经制定了光热发电的快速发展规划，未来几年将是光热发电的快速发展期。

太阳能发电的优势主要有两个方面：一方面，光照资源来自于太阳，是取之不尽、用之不竭的能源，如果将赤道地区的太阳能加以利用，那么可以满足全人类的电能需求；另一方面，太阳能是清洁能源，不会产生有害气体，对于今天日益严重的环境问题有着极为重要的意义。日本一直面临着能源短缺的困境，英国伦敦曾因汽车尾气排放、柴油机燃烧等出现严重的雾霾现象，美国肯塔基州的路易斯维尔发电厂因有毒废料排放过量而导致空气污染严重。类似问题将随着太阳能发电技术的发展迎刃而解。

太阳能发电技术是解决城市污染问题的重要方式

太阳能发电技术已经发展得较为成熟，但全球范围内很多光照资源丰富的地区的太阳能资源还未得到充分的开发和利用，如赤道地区、中东地区、非洲南部地区以及中国的西北地区。在这种情况下，世界各国纷纷制定了鼓励政策以支持太阳能发电产业的发展。例如，中国、英国、德国、日本等通过政府电价补贴的方式直接提升太阳能发电企业的利润，美国则以投资税减免、折旧率补贴的形式减少太阳能电站的建设成本，印度、印度尼西亚以及大多数拉丁美洲国家也都通过不同的支持政策加快太阳能发电行业的崛起。未来太阳能发电技术将更加完善，发电成本进一步降低之后，对于太阳能发电产业的扶持和补贴力度将会削弱甚至取消，但在今后很长一段时间，支持政策将是太阳能发电技术迅速发展的重要推动力。

面对传统能源劣势的逐渐显现与太阳能发电逐步兴起的趋势，世界各国也纷纷提出了太阳能发电的发展目标。中国的“十三五”规划制定了在2020年要实现5GW光热发电装机、45GW地面型光伏装机和60GW分布式光伏装机的目标，欧盟制定了到2030年可再生能源需占能源需求结构27%的目标，日本制定了到2030年光伏发电装机容量达64GW的目标，印度的“国家太阳能计划”规划到2020年光伏发电装机容量达到100GW，沙特阿拉伯的“国家可再生能源计划”则规划在2023年前完成9.5GW可再生能源的装机建设。此外，南非、越南以及诸多拉丁美洲国家都制定了太阳能发电的建设目标。在大规模规划出台的背景下，太阳能发电迎来了装机量快速增长的时期。位于中国山西省芮城县的光伏领跑技术基地规划装机容量达1020MW，建成后将成为世界最大的光伏发电站；世界最大的光热发电站同样位于中国，即敦煌100MW塔式熔盐光热电站。目前这两个项目都已经建设完成，实现并网发电。

太阳向地球传递的能量主要包括热能和光能，太阳能发电技术的基本原则也是充分利用这两种形式的能量。当前太阳能发电技术主要是光热发电技术和光伏发电技术。

光热发电技术是利用聚热技术聚集阳光的热量，通过换热装置产生蒸汽，推动汽轮机进行发电的技术。从本质上讲，光热发电技术与传统的火力发电技术原理很相似，区别只在于产生蒸汽的热量来自光照而非来自化石燃料的燃烧；光伏发电技术是利用太阳能直射半导体产生直流电，再用逆变技术将直流电转化为交流电，并入交流电网或提供给用户，本质上光伏发电技术是利用半导体的光生伏特特性进行发电。光热发电主要利用了太阳能中的光能和热能，光伏发电则主要应用了太阳能中的光能，两种发电技术相互配合与补充，实现了对太阳能的充分利用。

2 光热发电技术

光热发电技术与光伏发电技术在应用中存在着很多差异，光热发电技术适用于集中式、大规模的太阳能发电工程。光热发电常利用蓄热罐进行能量

存储，储能效率高，而且清洁环保。而光伏发电技术适用于分布式、中小型规模的太阳能发电工程，适合小区域供电或直接并入电网，光伏发电利用蓄电池进行存储，储能效率相对较低，对环境也有一定的影响。

光热发电系统的发电原理如下图所示，光热发电主要包括聚热系统、热传输系统、蓄热与热交换系统、发电系统等。

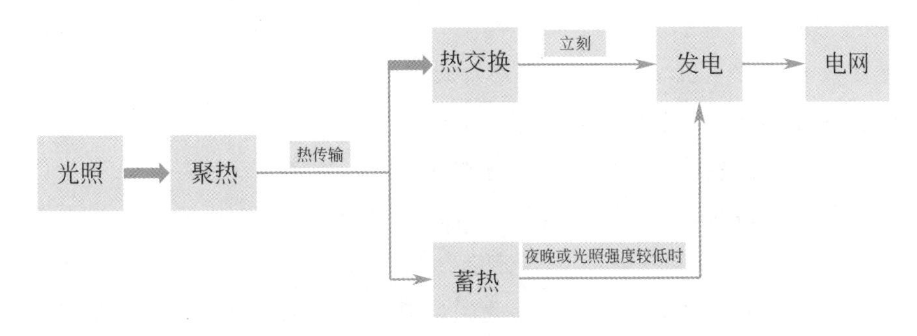

光热发电原理图

聚热系统通过聚热装置收集来自太阳的热能，通过热传输系统，将热量传递给蓄热与热交换系统，发电系统利用来自蓄热与热交换系统的热量，产生蒸汽推动汽轮机转动进行发电。

光热发电的关键技术是聚热技术，也就是将阳光中的热量进行聚集的方法。按照聚热技术的不同，光热发电系统可以分为槽式光热发电系统、塔式光热发电系统、碟式光热发电系统和菲涅尔式光热发电系统。

光热发电技术通过聚集阳光中的热量进行发电

槽式光热发电系统利用抛物线型聚光器，将太阳辐射聚集于焦线的吸热器，吸热器吸收热量后，开始加热导热油，导热油温度达到预设温度后，一部分进入蒸汽发生器，将水变成水蒸气，推动汽轮机进行发电；另一部分加热熔盐，加热后的熔盐进入储热罐，将热量储存起来，在夜间或者光照强度不充足的时间进行发电，以保证电能输出的稳定性。槽式光热发电系统是目前全世界应用最广泛的光热发电系统，在已建成的光热发电系统中，有80%以上是槽式光热发电系统。槽式光热发电系统也是世界最早投入商业使用的光热发电系统，从1985年开始，美国加州相继建成了354MW的槽式光热发电工程。2012年，中国大唐天威太阳能热发电工程竣工，该项目使用了槽式光热发电系统，装机容量10MW。

塔式光热发电系统是将吸热器建在塔顶，利用定日镜追踪太阳直射的角度，并将太阳辐射反射到吸热器。吸热器将辐射转化为热能，并为热工质（熔盐或水）加热，热工质达到预定温度后，进入蒸汽发生器，一部分与水发生热交换，产生水蒸气，推动汽轮机发电；另一部分进入储热罐，用于夜间或光照强度不足时进行发电。在当前已建成的光热发电系统中，塔式发电系统大概占10%的装机容量。美国Solar Two塔式光热发电系统曾验证了将熔盐作为热工质的可行性，降低了塔式光热发电系统的成本，加速了其大规模投入商业运行的进程。2016年，中国三峡金塔白水泉光热项目获批并开建，装机容量100MW，该工程为目前世界最大的塔式光热发电系统。

碟式光热发电系统是利用一个或多个地面抛物线反射镜，通过旋转调整镜面角度，实现对太阳直射角度的追踪，吸热器被布置在抛物线反射镜的焦点上，吸收太阳辐射，将其转化为热能，对热工质进行加热，热工质达到要求的温度后，一部分进入蒸汽发生器产生水蒸气带动汽轮机发电，另一部分进入蓄热罐将热量存储。1997年，美国已有碟式光热发电系统并网运行；2017年，中国在内蒙古察右中旗启动了50MW碟式光热发电项目，拉开了中国大规模商业使用碟式光热发电系统的序幕。

菲涅尔式光热发电系统是利用平面镜的二次反射，将太阳辐射聚焦到吸热器，吸热器对热工质进行加热，热工质一般是水，水被加热成水蒸气后，推动汽轮机发电。相对于其他光热发电系统模式需要使用抛物线镜面进行反射，菲涅尔式光热发电系统的平面镜更易生产，前期投资成本较低。因菲涅尔式光热发电技术近些年才发展成熟，目前还未大规模推广。2012年，西班牙建成了Puerto Errado菲涅尔式光热电站，该电站装机容量30MW，是目前世界上装机容量最大的菲涅尔式光热电站。

碟式光热发电系统可调节角度对太阳光照进行追踪

目前已建成的光热发电系统中，槽式光热发电系统占80%以上，塔式光热发电系统占10%以上，其他光热发电系统占10%以内。目前四种最流行的光热发电技术各有其特点，使用场合也不尽相同，应根据项目建设地区的实际条件进行规划和设计，合理选择光热发电类型，以达到充分利用当地资源的目的。

尽管中国、美国、日本、德国等国家都已经规划了一批光热发电工程的建设，但大部分还在试验运行，尚未投入大规模商业运行。未来若要利用光热发电技术大规模地对太阳能进行利用，一些重要问题还需要实现突破。

首先，光热发电的关键设备还需要进行技术攻关。当前光热发电技术对太阳能的利用率并不高，槽式光热发电系统大约在35%，塔式发电系统大约在25%，效率低下主要是对太阳能的吸收不足以及热能转化过程中能量流失过多造成的。未来光热发电关键设备的研发过程中，尚需从这两个方面解决光能利用率低下的问题。

其次，光热发电站的规划和选址仍需进行优化。从技术特点来看，光热发电非常适合建设大规模发电站，而规模较大的发电站可能会对地区电网的布局和潮流产生影响。因此在对光热发电站进行规划时，必须要结合当地电网的实际情况统一规划。诸如当前槽式光热发电系统、塔式光热发电系统和碟式光热发电系统是已经成熟的技术，但是对于阳光照射的要求很高，适合建设在光照资源丰富的地区；菲涅尔式光热发电系统虽然对光照要求不高，但是技术还不成熟，未来一段时间光热发电的大规模建设仍然将集中在光照充足的地区。

最后，在全球范围内光热发电技术还属于比较小众的技术，所以运维和检修人员严重缺乏、经验严重不足。要解决这一问题，只能一方面通过实际运行积累经验，另一方面需加强与拥有丰富光热发电技术经验的国家间的交流与合作。

相对于光伏发电技术和风力发电技术，光热发电技术主要优势在于其输出的电能质量好。因光热发电系统大多拥有储能装置，所以电能输出稳定，不受间歇性光照的影响，且输出电能具有可调节性，相对于需要采用电力电子设备进行环流的光伏发电技术，电能质量更好，对电网的冲击也更小。光热发电系统本质上与火力发电系统、水力发电系统的发电原理相似，利用旋转电动机结合储能的发电方式，不仅易于并网，还可以协助电网进行调峰、错峰控制等。

而与光伏发电相比，光热发电的主要缺陷在于其对周围环境要求较高，需要建设在太阳直射强度较高的地区，另外，光热发电系统还需要大量的水来进行冷却。综合各个方面，光热发电系统的建设成本较高，每千瓦造价为光伏发电系统的2 ~ 3倍。因此，要大规模建设光热发电站，还需要降低光热发电技术对于地区条件的要求，并降低光热发电的成本。

光热发电技术对于建设地点光照要求较高

在未来的能源市场，光热发电技术将成为主流发电技术。作为重要的太阳能利用技术，未来光热发电技术将在三个方面实现突破，以加快其大规模应用，实现对太阳能的充分利用。

首先，在关键发电设备上，将持续取得技术创新。当前光电转化效率不高的问题一直使光热发电技术不能充分发挥其效益。未来当太阳能发电成为主要发电方式以后，光电转化效率将成为关键，微小的提升都会带来极大的经济效益。另外，热工质的选择也影响着光热发电的效率，因此传统热传导介质的优化和新介质的研发也将成为重要的研究领域。

其次，未来光热发电技术将配备更完备的储能装置。光热发电技术拥有储能环节，可使其输出连续、稳定、可调节，受光照的强弱和间歇性的影响并不明显，在并网以及协助电网调峰调谷方面具有很大的优势，未来全球能源互联网的可再生能源渗透率越来越高，光热发电占的比例越来越大时，这一优势将更加明显。而先进且完备的储能技术，是保证光热发电输出持续稳定，充分发挥其提高电网稳定性、调峰调谷作用的重要前提。

最后，光热发电技术将与其他发电技术配合使用，解决电能消纳问题。未来风力发电、光伏、光热、储能等技术将在同一区域配合使用。各种发电方式互相取长补短，完成多种可再生能源的消纳和利用，将成为全球能源互联网中可再生能源利用的主要方式，而光热发电技术因良好的稳定性和电能输出可靠性，必将在未来多种能源协调配合发电过程中发挥不可替代的作用。

3 光伏发电技术

光伏发电的原理如下图所示。光伏电池阵列受到阳光照射后，因光电转化效应产生直流电，直流电经逆变器最大功率跟踪、并网逆变等环节转化为交流电，并经升压变压器升压后并入电网。

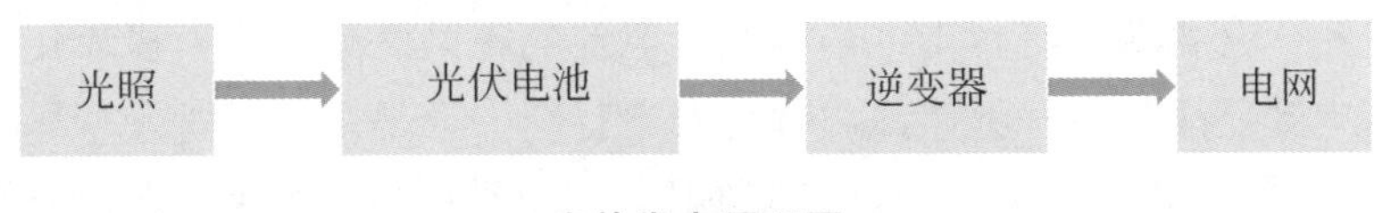

光伏发电原理图

光伏发电系统主要有两种形式，即集中式光伏发电系统和分布式光伏发电系统。集中式光伏发电系统一般电池阵列布置规模较大，并采用集中式光伏并网逆变器并入电网，其装机容量较大，输出的电能直接并入电网，接受电网的统一调度和规划。例如，中国张家口可再生能源基地就建有大规模的集中式光伏发电系统。光伏发电的另外一种形式是分布式光伏发电系统。分布式光伏发电系统在电能转换时主要采用组串式光伏并网逆变器，装机容量较小，输出的电能一部分供给小电网及当地用户使用，剩余电能将送入大电网，目前分布式光伏发电方式在欧洲及南亚地区较为流行，中国西藏、新疆的部分地区也以屋顶光伏的形式存在部分分布式光伏发电系统。

光伏发电最关键的影响因素主要是光伏电池的光电转化率和光伏并网逆变器的控制方式。光伏电池的光电转化率决定了光伏发电系统能从阳光照射中获取多少能量，逆变器控制技术则关系着光伏发电系统向电网输出电能的质量，因此这两项技术决定了光伏发电系统的性能和效率。

光伏电池主要是按照材料进行分类的。当前使用较多的光伏电池主要包括硅光伏电池、多元化合物薄膜光伏电池、聚合物薄膜光伏电池和纳米晶光伏电池等。

硅光伏电池是目前应用最为广泛的光伏电池，主要分为单晶硅光伏电池、多晶硅光伏电池和非晶硅光伏电池三种。单晶硅光伏电池利用高纯度硅作为主要原料，具有较高的光电转换效率，在实际工程应用中可以达到17%，但是单晶硅光伏电池对硅材料的要求较高，且制作工艺复杂，导致成本较高，因此目前只利用在光照强度不高、对供电可靠性要求较高的场合，如太空空间站、宇宙飞船等的蓄电池大多采用单晶硅电池。多晶硅光伏电池采用纯度较低的多晶硅作为主要原料，对硅材料的纯度要求不高，生产工艺简单，成本较低，是目前光伏发电系统最常用的光伏电池。非晶硅光伏电池是采用特殊工艺使高纯硅烷等气体分解沉降而成，具有光电转换效率高、成本低等优势，适合大规模生产，而且电池本身重量较轻，非常有优势。目前，非晶硅光伏电池因光电衰退效应导致的稳定性问题正在得到解决，将逐步实现大规模生产和应用。

多元化合物薄膜光伏电池与硅光伏电池的不同之处在于，多元化合物薄膜光伏电池不采用单一元素晶体作为发电材料，而是采用多种元素化合物作为发电材料。多元化合物光伏电池利用化合物的特性，扩大太阳能吸收光谱范围，从而提升光电转化率。多元化合物光伏电池拥有转换效率高、成本低和性能稳定等特点，理论上是性能最好的光伏电池，正在逐步推向工业应用。但部分多元化合物光伏电池还存在一些缺陷，例如镉化合物因构成元素镉有毒，需先解决环保和安全性问题才可进一步推广，铜锌锡硫光伏电池目前仍在性能试验和验证阶段，待完善后将投入实际应用。相比硅电池，多元化合物电池具有光电转化效率高、生产成本低、有利于大规模制造等特点，但当前多数新材料还处于研发和完善阶段，未来在光伏发电工程中的比重将逐步提升。

聚合物薄膜光伏电池则是以聚合物作为发电材料的光伏电池，相比于其他种类的光伏电池，具有质量小、生产工艺简单、成本较低等优势，但当前对于聚合物薄膜电池的研究才刚刚起步，该类电池具有光电转化效率低、电池使用寿命短等特点，在大规模投入使用前，还需要完成一些技术攻关工作。

纳米晶光伏电池是以纳米材料作为发电材料的光伏电池，1991年出现的第一款纳米晶光伏电池曾经引起轰动，被认为可解决光伏电池转化率低、生产工艺复杂等问题。纳米晶光伏电池具有原材料丰富、制造工艺简单、环保、光电转化效率高等优势，有望成为未来主要的光伏发电电池。

光伏电池是光伏发电系统的核心组件，当前光伏电池产业发展的主要问题在于电池价格问题和光电转化效率问题。光伏电池生产成本较高，导致光伏发电系统的成本较高，光电转化效率较低，光伏发电行业的利润不高，需依赖政策支持，随着政策力度的减弱和取消，必将使行业发展步伐放缓。要解决这两个问题，不但需要优化生产工艺，建立高效的生产流程，还要积极寻找成本低、效率高的光伏发电材料。未来光伏电池的性能和价格竞争力还有很大的提升空间，研发的突破也将为光伏产业的飞跃带来新的动力。

光伏发电的逆变器控制主要包括两方面：一方面是逆变器最大功率跟踪；另一方面是逆变器的并网控制。最大功率跟踪的目的是在光照不断变化的过程中使光伏发电系统始终运行在最大功率点上，使其输出最大功率，充分利用太阳能进行发电；逆变器的并网控制使光伏发电系统输出的电流波形和频率与电网保持一致，光伏发电系统能够并网运行。因而，最大功率跟踪和并网控制关系着光伏发电系统的输出功率大小、电能质量和并网稳定性。

根据光伏电池的特性，在一定温度和光照强度下，光伏电池存在一个最大功率点，当发电系统运行在这一点时，其输出功率为该条件下的最大输出功率。而在光伏电池实际运行过程中，温度和光照强度等条件都是在不断变化的，因此最大功率点也在一直变化，但外界温度和光照强度的变化又无规律可循，难以通过数学方法确定其最大功率点，因此在光伏并网逆变器中都采用动态的控制策略对最大功率点进行跟踪，保证光伏电池工作在最大功率点上，即最大功率跟踪控制。

光伏发电系统要实现并网就要保证其输出电流波形、频率等参数满足电网的要求，否则会被电网的控制保护系统当成非正常运行状态而切出电网。

逆变器并网控制的目的是使光伏系统输出的交流电与电网保持同步同频率，从而能够顺利接入电网并尽量减少对电网的不良影响。

逆变器是光伏发电系统并网控制的关键设备

未来光伏发电的逆变器作为光伏发电的核心设备，其发电效率主要从以下方面进行改进。

（1）提升光伏逆变器最大功率跟踪的效率。最大功率跟踪是光伏发电系统获取最大输出功率的最重要的环节，在同等光照条件下，最大功率跟踪控制的效率决定了光伏发电系统的输出功率。

（2）提高光伏逆变器的光电转换率。当光伏逆变器完成最大功率跟踪环节之后，将来自光伏电池的直流电转换为交流电是逆变器的重要功能，逆变器换流时的损耗、对功率的吸收等都影响着整个光伏系统的能量利用率。因此，减少换流过程中的各种能量损失是提升光伏发电系统光电转换率的重要措施。

（3）提高光伏逆变器的电网适应性。当前光伏发电系统不能很好地实现并网，导致光伏发电电能难以消纳。当前光伏发电的送出技术已成为重要的研究课题，未来随着柔性直流技术、光伏逆变控制技术的突破，光伏发电的并网和消纳问题将得到解决。

未来光伏发电将有下面的发展趋势。

（1）与其他发电方式相结合。目前风光热储技术已经非常成熟，利用风力发电、光伏发电、光热发电和储能技术互相配合，实现稳定的电能输出，提高并网稳定性，将成为光伏发电技术应用的重要趋势。中国在张北建设的国家风光储输示范工程，就是根据当地白天光照充足、夜晚风力资源丰富的环境特点，结合储能技术，进行各种发电方式容量的合理规划，实现了全天电能稳定输出。

（2）分布式发电。未来在一些电网无法触及以及不适宜建设电网的地区，分布式发电技术将是重要的电能供应技术，而控制灵活、启停方便等特点也将使得分布式发电成为配合集中式发电，保证供电稳定性和可靠性的重要方式，光伏发电在成本、占地以及建设难度等方面都非常适合应用在分布式发电系统中。

屋顶光伏是重要的分布式光伏发电形式

（3）光伏发电与其他产业相融合的方式。农业光伏是当前光伏发电的重要运用方式，因薄膜光伏电池具有透光性，又可以储存热量，其发出的电能可作为农业用电，因此光伏与农业生产的结合非常适合在现代农业中应用。目前渔光互补、蔬菜大棚光伏都是比较有前景的发展方向。中国已经开始鼓励农业光伏的发展，并出台了相应的规划和鼓励政策，未来光伏产业与工业、服务业等行业的融合也是非常值得期待的。

4 太阳能发电技术应用前景广阔

太阳能发电是解决当前困扰全球的环境问题和能源短缺问题的重要技术，充分合理利用太阳能发电是全球能源互联网构建过程中实现“清洁替代”的关键步骤。目前全球太阳能发电装机容量正快速增长，并逐步代替化石能源发电。未来可再生能源将成为主流发电方式，太阳能发电技术的完善和创新，将使太阳能这一取之不尽、用之不竭的清洁能源在全球能源供给中扮演更加重要的角色，更大程度地服务于人类的进步与发展。

二、风力发电技术

1 风力发电技术的应用

1891年，面临能源短缺危机的丹麦人最早开始了对风力发电技术的研究，并很快制造出世界上第一个发电风轮，将风力发电投入商业应用，实现了人类对风能的应用。100多年后的今天，风力发电已经成为电力生产的重要方式，全球装机容量已经接近500GW，成为排在火电、水电之后的第三大发电方式。丹麦也已经成为世界最大的风电设备生产国，引领着世界风力发电的潮流。

丹麦已成为世界最大的风力设备生产国

风力发电可以有效解决当前全球面临的环境问题和能源问题，目前正处在快速发展期。到2016年年底，全球风力发电装机容量已经达到486.79GW，其中中国的风力发电装机容量达168.732GW，美国的风力发电装机容量达82.184GW，德国的风力发电装机容量达50.018GW，而诸如英国、西班牙、丹麦及印度等国家都保持着极高的装机容量和装机速度，风力发电技术在全球范围内正保持着迅猛发展的势头。

当前世界风电市场已经形成了稳定的格局，尽管风力发电装机容量的增速有所放缓，但各传统风电大国的风力发电装机容量及发电量保持着稳步增长，而新兴的风电国家装机容量和发电量也出现了迅猛的发展势头。中国的“十三五”规划中，计划到2020年风电装机容量达210GW；美国预计到2020年风力发电量将达到5000亿kW·h，2050年将完成86GW的海上风电装机；到2020年德国风力发电量将达到900亿kW·h；印度的“可再生能源三年发展规划”则提出到2020年完成30GW的风电装机容量。

风力发电能取得如此迅猛发展，一方面在于风力资源取之不尽和风力发电的环境友好性，另一方面与世界各国的风电扶持政策有很大的关系。当前无论是传统风电市场还是新兴风电市场，都制定了针对风电行业的大力度鼓励政策。例如，全球风电装机容量最大的中国，采取电价补贴政策以保障风力发电企业的利润；电网智能化较高的美国，则采取净计量政策和配额政策，以保障风力发电的消纳和电网公司对可再生能源发电量占比的掌控；传统风电强国法国和葡萄牙，则采用固定电价政策以确保发电企业的收益；西班牙除采取固定电价政策外，还有溢价政策以帮助发电企业规避风险。另外，世界上大部分国家针对风力发电的建设和运维都有税收减免、融资优惠等政策。

尽管当前存在的多种扶持政策对于风力发电的发展有着极其重要的促进作用，但这些政策也只能在行业的哺育期存在，风力发电产业最终还是要回归市场化，不可能永远依靠补贴生存。因此在当前风力发电行业逐渐发展成熟的情况下，对于风电的扶持力度正在逐步减小。例如，德国已经出现了无补贴的海上风电场，沙特阿拉伯2017年开展的“国家可再生能源计划”所涉及的风电项目，均不存在补贴。

正是由于风力发电行业扶持政策的逐步取消，风电行业逐步回归市场化，倒逼风力发电设备生产企业和风电场必须不断降低设备生产成本和进行技术革新，以使得不依靠补贴的风电在价格上依然具有竞争力。高质量、低价格的清洁能源是全球能源互联网构建和运行的重要条件和保障，而从

能源短缺的困境将依靠风力发电等可再生能源的应用技术得到缓解

2010年到2017年这段时间中，全世界的风力发电成本已降低23%，根据国际可再生能源机构（IRENA）的预测，到2020年，风力发电的成本将可以低于传统的火力发电成本，届时风力发电行业将极具竞争力。

2 风力发电技术的分类及特征

全球能源互联网构建的一个重要作用，就是要把风力资源丰富地区的部分风电输送到用电紧张的地区，实现互通有无、资源共享。先进可靠的风力发电技术是实现这一构想的重要前提。要实现风力资源的充分应用，先进可靠的风力发电系统是必不可少的。

风力发电系统对于风速是有要求的，能够被风力发电系统用于发电的风速一般称为有效风速。当实际风速低于有效风速时，风力发电系统无法启动；当实际风速高于有效风速时，风力发电系统将停止运行。因此在风电场建设前，通常会进行为期一年左右的测风，以确定工程建设地的风力资源情况。当风速处于有效风速范围内时，风能将推动风力机转动，经齿轮调速后带动发电机转动并进行发电，发出的电能经电力电子设备变换后升压并入电网。

风力发电系统中，最重要的设备是风力发电机。根据风力发电机的不同，风力发电系统可以分为恒速恒频式风力发电系统、变速恒频式风力发电系统和变速变频式风力发电系统。

风力发电系统对于风速的要求较高

恒速恒频式风力发电系统是比较早开始应用的风力发电系统，通常单台风电机组容量较小，为600 ~ 750kW，早期风电场常使用恒速恒频式风力发电系统。恒速恒频式风力发电系统的特点是在有效风速范围内，发电机产生的电流频率恒定，且不论风速是否变化，发电机的转速都接近恒定。恒速恒频式风力发电系统常采用鼠笼式异步感应发电机组。

恒速恒频式风力发电系统的优点在于其控制简单、可靠性强，在风力发电的发展初期获得了广泛的应用，全球较早实现商业运行的风电场大多采用恒速恒频式风力发电系统。

随着人们对风力发电需求的增加，恒速恒频式风力发电系统逐渐暴露出了劣势：恒速恒频式风力发电系统在运行时会消耗无功功率，需要进行大容量的无功补偿；恒速恒频式风力发电系统在并网时会产生冲击电流，因发电机转速不能随风速变化，也会降低风能的利用率；当风速发生变化时，为保证风力机的转速不发生变化，齿轮箱和主轴常常会承受较大的机械应力，导致设备损坏，缩短了设备的使用寿命。因为具有上述缺陷，在风力发电迅速发展、装机容量越来越大的背景下，恒速恒频式发电系统逐渐被变速恒频和变速变频式风力发电系统所取代。近些年来建设的风电场已经少有使用恒速恒频式风力发电系统的了。

变速恒频式风力发电系统是基于较为成熟的风力发电技术而提出的。变速恒频式风力发电系统的特点是在有效风速范围内，发电机产生的电流频率恒定，而发电机组的转速会发生变化。变速恒频式风力发电系统大多使用双馈感应式异步风力发电机组。

变速恒频式风力发电系统的风力机的转速能够在有效风速范围内随着风速的变化而变化，一方面，可以更加有效地提高风能利用率；另一方面，因风力机不需保持转速恒定，也减小了齿轮箱和主轴所受的机械应力。另外，相对于恒速恒频式风力发电系统，变速恒频式风力发电系统可以应用在不同的风速范围内，极大地拓展了该种类机组的应用范围。

变速恒频式风力发电系统一般采用双馈异步感应发电机，这种发电机通过转子回路和定子回路同时向电网馈电，在有效风速范围内，定子回路始终向电网输送电能。当外界风速较大、转子转速大于同步转速时，转子向电网输送电能，以降低转子转速并使其接近同步转速；当外界风速较小、转子转速小于同步转速时，转子回路则从电网吸收电能，运行在电动机状态，以提高转速，使其接近同步转速。

国际上著名的风电厂商，诸如VESTAS、GE、华锐风电等的主要产品都是双馈风力发电系统。从2006年开始，中国风力发电行业进入快速发展的通道，其装机容量中有很大一部分是双馈风力发电系统。1986年投运的山东荣成风电场是中国最早建成的风电场，该风电场就采用了双馈风力发电系统。

在有效风速范围内，变速变频式风力发电机组风力机的转速和定子发出的电能频率都会发生变化，因此这类风力发电系统需要配备电力电子装置进行频率调整才能并入电网。

变速变频式风力发电机组最常用的发电机为永磁直驱式风力发电机。永磁直驱式风力发电机的风力机推动同步发电机进行发电，定子输出的电能需先经过整流器变为直流电，再经过逆变器变为可以接入电网的交流电，经过滤波后，并入电网。永磁直驱式风力发电机采用同步发电机进行发电，一般容量比较大。永磁直驱式风力发电机的发电效率比较高，而且更加适用于低风速的地区，是解决全球低风速地区风能应用问题的重要技术。在近年来新建的风电场中，永磁直驱式风电机组的装机容量已经变得越来越大。中国风力发电机厂家金风科技是目前全球永磁直驱式风力发电机的主要生产商。

双馈感应式异步风力发电机与永磁直驱式风力发电机是当前最主要的风力发电机产品，也是风力发电系统中应用最多的两种类型。当前在全球范围内这两种风力发电机的装机占比大致相当，两种机型适用于不同地区，各有其优缺点，将各自在不同条件的地区中发挥重要作用。

（1）发电效率。对于双馈感应式异步发电机，风能驱动风力机转动后，其能量需通过齿轮箱传递给发电机，中间这一能量传递过程降低了风能利用率，而且双馈发电机需要进行转子励磁，这两方面降低了其发电效率；永磁直驱式风力发电机直接经过风力机驱动，而且不需要励磁，发电效率相对较高。目前直驱式风力发电机的发电效率比双馈感应式异步发电机高20%左右。

（2）运行可靠性。双馈感应式异步发电机的风力机的能量需要经过齿轮箱传递到发电机，而直驱式风力发电机的风力机直接驱动发电机，齿轮箱是双馈风机系统中最容易发生故障的部分，因此双馈风机系统更加容易出现故障。另外，永磁直驱式风力发电机拥有良好的低电压穿越能力，使其在电网瞬时故障或扰动时能够不脱网运行。因而，永磁直驱式风力发电系统运行可靠性高于双馈感应式异步发电机系统。

（3）成本。从生产成本上看，尽管永磁直驱式风力发电机不需要另外制造齿轮箱，但是其技术难度比较大，因此生产成本高于双馈感应式异步发电机；从运输成本上看，永磁直驱式风力发电机需要整机运输，而双馈感应式异步发电机可以拆开分别运输，所以运输成本上双馈感应式异步发电机较低；从检修成本上看，永磁直驱式风力发电机需要整机进行返厂检修，而双馈感应式异步风力发电机可以各个部分拆卸后进行检修，因此检修成本上双馈感应式异步发电机相对较低。因此从成本上看，永磁直驱式风力发电机高于双馈感应式异步风力发电机。

（4）适用范围。双馈感应式异步风力发电机对风速的要求比较高，适用于风能资源较为理想的地区，永磁直驱式风力发电机可以在低风速地区运行。当前人们对于优质风能资源地区的开发力度很大，未来低风速地区将成为开发的焦点，这就倒逼生产厂家进行技术创新和提效。当前，将双馈感应式异步风力发电机应用于低风速地区，已经是非常热门的研究方向。

（5）其他。直驱风机不需要齿轮箱，因此运行时噪声较小；双馈风机需要齿轮箱，从而导致其运行噪声较大。直驱风机因依靠电力电子设备并网，会产生较多谐波，需要滤波装置；而双馈风机是通过旋转电机直接并网，不需要滤波。

直驱风机和双馈风机在应用上各有优劣。在技术发展阶段，双馈风机曾经是主流的技术，当前优质风能地区的能源已经得到充分开发，未来低风速地区新能源的开发将使直驱式风机逐渐占据更大的份额。而且随着土地资源日益紧张，平价上网预期不断增强，发电容量较大的直驱式风力发电机也在逐渐占领市场。例如，中国在2006年前后风电机组开始大规模上马，彼时双馈风机因技术难度较低，在风电装机中占据了较大部分，而在2012年左右，技术成熟后，永磁直驱风机逐渐开始成为风电市场的另一个主角。

3 风力发电技术的趋势和前景

目前风力发电技术逐步完善，风力发电并网规模不断增加，风力发电也将成为全球能源互联网中的主要发电技术。为满足电网对风力发电不断提高的要求，以及人类对风力资源不断增加的要求，未来风力发电技术将不断完善。

首先，风电机组的装机容量将不断提升。一方面，风机制造技术在不断成熟和完善，大容量风电机组的制造已经不存在技术问题；另一方面，土地资源日益紧张，人们越来越希望风机能够在占用较小土地的情况下发出更多电能。在不存在技术壁垒且需求迫切的情况下，大容量的风电机组将成为风电行业的下一个热点。

其次，多种发电形式并存。风力发电形式主要有集中式和分布式两种，目前在中国大规模能源基地的风力发电一般直接并入电网，由电网统一调配电能，这样的电能利用形式称为集中式；而在欧洲的一些国家，风电场的装机容量较小，一般直接供给附近的负荷使用，不并网，或者满足附近负荷后剩余电能再送入电网，这样的电能利用形式称为分布式。集中式风力发电适用于风力资源丰富、附近用电负荷较少的情况，例如中国风力资源丰富而人烟稀少的西北地区，风电即采用集中式送出的方式；分布式风力发电适用于电网难以到达的山区、海岛等或用于保障重要负荷，例如欧洲及太平洋地区的海岛供电，很多都是采用分布式风电的方式。

再次，海上风电将发展迅猛。海面上具有风速稳定、风能达到有效风速时间长等优点，因此海上风电在出力平稳性和出力时间上都要优于陆上风电，而且海上风电单台装机容量大，不占用土地资源，其经济效益、社会效益都要高于陆上风电，因此，未来海上风电将获得迅猛发展。海上风电建设难度大，运维成本高也成为其亟待解决的问题。当前中国、美国和欧洲一些国家都已经出台海上风电的扶持政策，未来更多有条件的国家将开始引入海上风电技术。

海上风电正以迅猛的势头发展

最后，与其他多种能源方式混合互补。风力发电输出电能具有间歇性，不确定的电能输入不仅使调度难度加大，还会威胁电网的安全性，因此根据风电的出力规律，与其他能源混合互补发电，将成为未来风力发电的发展方向。例如位于中国张北的国家风光储输示范工程，就是利用白天出力较多的光伏发电与晚上出力较多的风电进行互补，并配合储能技术，力求全天电能输出稳定，增强其电网友好性。

多能互补是未来可再生能源的发展趋势

风力发电技术是人类最早利用的可再生能源发电技术，也是全球能源互联网实现“清洁替代”的关键技术。自从19世纪末丹麦将其投入商业运行以来，风力发电技术不断更新换代，到今天已经成为非常成熟的发电技术。可以预见在未来，风力发电技术将逐步替代燃烧化石能源的火力发电技术，解决由此带来的环境问题和能源短缺问题，成为全球能源产业中最重要的能源之一。

三、生物质能发电技术

1 生物质能发电技术的发展状况

尽管可再生能源正在快速发展，目前已经有了相当规模的装机容量，但是当前世界能源消耗的主要形式仍然是煤、石油等化石能源。根据《BP世界能源统计年鉴（2017年）》的统计结果，2016年化石能源的消耗量仍然占到了全球能源消耗的85.52%。在今后很长一段时间内，化石能源将依然是世界能源消耗的主要方式。

化石能源是由古代生物的化石经沉积形成，本质上化石能源在燃烧时释放的能量来自于远古生物直接或间接地储存于体内的太阳能。如果生物死亡腐烂后经过百年的沉积形成的化石能源可以经过燃烧释放能量，那么在其未腐烂未经沉积时，这部分能量一定已经存在于生物体内，如果采取合理的方式充分利用这部分能量，那么这将会成为重要的能源利用方式。如果这一设想得以实现，人类就无须等到几百年后生物变为化石能源后才利用这些能量，另外，未经沉积的生物燃料也不含硫等元素，在燃烧时不会产生有害气体，更具环境友好性。

工农业生产废料是未腐烂和未经沉积的化石燃料

生物质能发电技术就是利用未腐烂和未经沉积的生物进行发电的技术。在全球范围内，工农业生产时往往产生大量秸秆、谷壳、木屑、动物粪便等废弃物，过去人们往往将其当成工农业垃圾处理掉，但实际上这些所谓的工农业垃圾中储藏着大量的生物质能，生物质能发电就是利用这部分能量进行发电。但是，未经沉积的生物质能与化石能源中存储的能量在利用效率和利用方式上存在着一些差异，因此相比于火力发电，生物质能发电会采用多种方式对能源加以利用。

生物质能发电技术是当前对于生物质能最直接最有效的利用方式，也是世界各国重点发展的可再生能源技术。当前全球生物质能装机容量已有近40GW，欧洲各国以及巴西、美国、中国等国家都在大力推行生物质能发电技术。欧盟提出到2020年生物燃料将占交通燃料的10%以上；瑞典宣布到2020年将不再使用石油能源，其生产生活能源将全部采用可再生能源；中国在“十三五”规划中明确提出，到2020年要完成生物质能发电装机15GW的目标；印度、拉丁美洲各国也都在通过制定规划、政策补贴等方式推动生物质能发电技术的发展。从全球范围来看，生物质能发电技术正在呈现快速发展的势头，而美国、欧洲、巴西等也已经建成相当规模的生物质能发电装机容量。未来在全球能源互联网中，生物质能发电将成为重要的电力来源，为全球电力用户提供持续、稳定、清洁的电力能源。

2 生物质能发电技术的原理及分类

生物质能发电技术的原理是利用生物质的燃烧，加热水产生水蒸气，推动汽轮机进行发电，本质上生物质能发电也是一种火力发电技术，相当于用生物质燃料替代了火力发电中的化石燃料。前面提到，生物质的性能与化石能源有所不同，因此生物质能发电的关键技术就是对生物质燃料的处理，使生物质燃料充分释放出储存在其中的能量。根据燃料和燃烧方式的不同，生物质能发电主要分为生物质直燃发电、生物质混燃发电、生物质气化发电、沼气发电和生物质电池等。每种发电方式都有各自的优缺点和适用场合，只有综合利用，互相配合，加快技术创新，才能使生物质能发电在全球能源互联网中发挥更大的作用。

生物质直燃发电，就是将秸秆、谷壳等农业废料直接燃烧，并对水进行加热，直接产生水蒸气推动汽轮机进行发电。生物质直燃发电系统的主要发电原料还是秸秆，因此生物质直燃发电厂常常会建在农业废料较多且集中的区域，诸如大型农产品加工厂和大型农场的附近。当前物流行业发展迅速，成本变得越来越低，如果原料运输问题得到充分解决，那么生物质直燃发电厂将摆脱距离的限制，配合电力系统的需要进行选址。生物质直燃发电

生物质能发电技术本质上与火力发电原理相似，未来可以建设大型生物质能电厂作为电网枢纽

是目前应用最为广泛的生物质能发电技术，也是最成熟的生物质能发电技术。中国在2006年建设完成的单县生物质能发电示范工程，就是利用生物质直燃发电技术将农林剩余物直接燃烧，产生高温高压水蒸气以推动汽轮机发电。作为中国第一个国家级生物质能发电示范工程，单县生物质能发电示范工程建成发电至今已产生巨大的经济效益和社会效益。

生物质混燃发电，就是将生物质与化石能源进行混合后燃烧，产生的热量加热水产生水蒸气，从而驱动汽轮机发电。虽然生物质能发电的原料丰富，但是分布得十分分散，需要完善的物流系统进行配合，但生物质能原料常分布在较偏远地区，物流还不发达，导致生物质能发电的成本居高不下。在这样的情况下，生物质混燃发电就是非常好的生物质能利用方案，一方面，生物质混燃发电摆脱了对于生物质原料的过度依赖，减少了运输成本；另一方面，生物质混燃发电的发电效率较直燃发电会更高。当前一些小型火电厂正面临被关闭的境况，如果将这些火电厂改造为生物质混燃电厂，则可以实现降低建设成本、资源充分再利用的目的。目前在美国及丹麦、挪威等欧洲国家，生物质能混燃发电技术已经获得了广泛的应用，成为主流的生物质能发电技术。波兰Ostroleka 3×200MW混燃发电厂和英国Fiddlersferry 4×500MW混燃发电厂都是规模较大的生物质能电厂，且已安全稳定运行多年，并产生了极大的经济效益。中国在2005年将山东十里泉生物质能发电厂的5号机组建设为生物质混燃发电机组，是中国最早的生物质混燃机组，该机组采用秸秆与煤混合燃烧的方式对生物质能加以利用，目前运行状况良好，每年可节约5万吨左右的标准煤。目前世界上已经建成数百座生物质能混燃电站，但主要集中在美国和欧洲地区，在中国以及其他亚洲、拉丁美洲的发展中国家，生物质能混燃技术仍处于推广期，未来随着混燃技术的逐步成熟和政府扶持力度的加大，生物质能混燃发电将在全球范围内快速发展。

生物质能气化发电技术，就是首先将生物质处理为气体，再进行燃烧发电的技术。生物质在缺氧的情况下，经气化、净化后，可变为小分子可燃性气体，小分子可燃性气体燃烧后对水进行加热，产生高温高压水蒸气，从而推动汽轮机发电，就是生物质气化发电技术的核心。相比于对生物质直接燃烧，生物质气化发电的优势在于更加环保，杜绝了二氧化硫、一氧化碳等有害气体的产生，而且生物质可燃性小分子气体更易充分燃烧，可以充分利用生物质能进行发电；相比于其他生物质发电技术，生物质气化发电技术发电成本低，投资少，可以就地将生物质进行气化，使燃料更易运输。生物质气化发电技术已经在发达国家获得广泛应用，诸如美国Battelle生物质气化发电项目、意大利BPIGCC生物质气化发电示范项目等；丹麦和瑞典等也已经完成了诸多生物质气化发电热电联产项目的建设，并已并网发电；中国自20世纪80年代开始研究1MW级别的生物质气化发电技术，并以此为基础，逐步提升装机容量，2017年在江苏宿迁规划了5MW的生物质气化发电厂，宁夏则启动了海泉6MW生物质气化发电厂项目。目前来看，纯生物质气化发电厂装机容量还较小，但生物质气化后与煤炭混燃的方法也获得了各国的青睐，中国2017年在湖北省开展了生物质气化混燃发电项目，该项目将秸秆、木材废料、稻壳等生物质气化后与煤混合进行燃烧发电，项目装机容量达到10.8MW。

沼气发电是重要的生物质发电方式，其发电燃料主要来自农场或村庄的化粪池或蓄污池中的氨气和二氧化碳的混合物。沼气发电最大的优点是将原本污染环境的氨气变成了发电原料，是一种变废为宝的典型案例，也是解决农村地区环境问题和能源问题的重要方法。但是因为氨气的来源较为有限，氨气发电大都是小规模、农户自给自足的发电方式，目前的情况下还不适合大规模并网发电。当前世界范围内的沼气发电工程大多是牧场或农场的自用电站，装机容量大多在千瓦到兆瓦级别，比较有代表性的是中国安徽马鞍山蒙牛养殖场里的自备沼气电站，该项目装机容量为1MW，已稳定运行十余年，通过沼气发电的方式为牧场提供其所需的电能。

沼气是生物质能发电的重要原料

生物质燃料电池是一种利用沼气、乙醇等生物质发酵物为原料的电池设备，这种技术利用两极间的电子流动产生电流，也是对生物质能的重要利用方式。目前生物质能燃料电池主要包括沼气燃料电池和乙醇燃料电池，热能利用率高，不需要燃烧，不产生废气，是一种生物质能高效应用的新思路。当前中国还未建成商用燃料电池电站，但在全球范围内已经建成多个燃料电池示范工程，例如美国加利福尼亚州已建成Santa Clara 1.8MW燃料电池电站，日本也已经完成了兆瓦级别的燃料电池电站的试验工程。

上述当前应用最广泛的五种生物质能发电技术，实际上是可以相互补充、配合利用的。直燃发电和混燃发电用于大功率发电，未来技术成熟后，装机容量将逐渐变大，可以取代火电成为枢纽电站；而生物质气化发电、沼气发电和燃料电池发电等，因其本身的技术特点，装机容量都不能做得太大，可以采用分布式发电的方式用于局部地区的电能补充和调峰填谷。未来全球能源互联网的构建中，从全球的格局进行布局和规划，逐步实现用生物质能发电替代化石能源发电，将给生物质能发电技术带来更广阔的应用前景，也给未来全球环境问题和能源危机提供新的解决方案。

3 生物质能发电技术的特点及发展趋势

生物质能发电技术实际上是对太阳能的另一种应用方式，属于可再生能源发电技术。而相对于传统的火力发电及风电、光伏等发电方式，又有其难

以替代的优势。

相比于火力发电，生物质能发电方式在燃料燃烧过程中污染更少，不产生二氧化硫等有害气体，且生物质资源在大自然中广泛存在，可以就地取材，属于可再生能源，取之不尽，用之不竭。发展生物质能发电技术既可以提供源源不断的能源，又消耗了大量的工农业生产中产生的垃圾废料，可以说是一举多得。中国最大的桉树产地广东湛江，桉树被加工成桉树制品时，树皮、树枝往往不加以利用，城市中随处可见桉树皮和桉树枝等废料和垃圾，给生活带来极大的不便，一度成为让人头疼的环境问题。湛江生物质能电厂建成后，不仅为当地带来了每年5亿kW·h以上的电能供应，桉树皮和桉树枝作为发电原料也被迅速消耗掉。湛江生物质能电厂就是同时解决环境问题和能源问题的典型案例。

湛江生物质能电厂不仅提供源源不断的电能，还解决了当地桉树废料的再利用问题

生物质能资源易于获取、储存和运输，不需要复杂的开采工作，大部分生物质都可以经过简单处理后直接进行燃烧发电。实际应用中，大部分生物质本身就很容易燃烧，生物质原料也只需要做简单的除杂质处理就可以直接进行发电，与传统火电的脱硫工序相比，不论从难度还是工作量上都简单得多。

除生物质能燃料电池发电方式以外，其他的生物质能发电都是通过旋转电动机发电，从出口来看与火力发电极为相似，因此，从理论上讲，生物质能发电可以拥有火力发电的稳定性和安全性，不会出现类似风电、光伏等发电方式在并网时出现的问题。在未来全球能源互联网的构建中，可再生能源将逐步取代火力发电，大型生物质能发电工程可以替代火力发电站发挥枢纽作用。

生物质能发电不受地域限制。风力发电需要建在多风地区，光伏发电要求光照充足，而生物质发电则对电站周围的环境条件要求不高，只要能够通过周边的生产或者物流调度获得充足的生物质资源即可。因此，生物质能发电还可以作为传统可再生能源发电方式的补充，在缺风、缺光又缺电的地区建设生物质能发电厂以满足当地的电能需求。

生物质能发电厂投资少，发电成本低。生物质能发电技术比起传统的发电方式，从设备到建设成本都有所下降，而因为其发电原料大多为工农业废料，购买成本非常低，从而降低了发电成本。

尽管生物质能发电作为新兴的发电方式，已经具有明显的优势，但是在多年的应用中，也暴露了一些缺陷。这些缺陷的改进，将促使生物质能发电技术的快速发展。

在技术层面，目前诸如生物质气化发电等方式的原材料处理还存在成本较高、气化炉需优化等问题，燃烧产生的气体需要处理和净化，整个发电系统的设计及耦合等问题还需进一步优化和提升。未来将结合这些年的实际工程经验对生物质能发电厂进行优化，使生物质能发电技术更加完善。

在原材料供应方面，生物质能发电的原材料供应受季节和天气的影响很大，而且需要先进的物流和储存体系才能保证供应。诸如秸秆、谷壳等只有在秋季和冬季才有充足的来源，如果不能建立先进的储存和运输体系，将会出现原材料供应不足、产能浪费等情况。因此，未来的生物质能发电厂将配合先进的物流和存储体系共同建设。

在产业链配合方面，当前全球生物质能发电技术已初具规模，但是上下游产业链还未达到较高水平，一方面生物质能发电并网还没有完善的标准体系，另一方面相关人才、设备生产、物流运输等还不能满足生物质能发电的需求，制约了生物质能发电的快速发展。因此，未来诸如原料搜集与处理，物流、废料处理等生物质能发电的上下游产业将成为生物质能发电产业发展的重点。

生物质能发电对于未来全球能源互联网的构建有着很重要的意义，可以预见，未来几年生物质能发电技术将迎来快速发展期。未来生物质能发电将有以下趋势。

（1）生物质能发电将以热电联产的方式投入运营。与火力发电类似，生物质能发电以燃烧的方式释放生物质中储存的能量，在发电过程中产生大量的热量无法充分利用，通过热电联产方式，利用多余的热能进行供热，可以更加充分地利用资源。2017年，中国颍上农林热电联产生物质能发电厂已经开工建设，随后几年中国将开工建设多个热电联产生物质能发电厂。

（2）生物质能发电将与其他发电方式配合。生物质能发电方式受季节和天气的影响很大，为保证整个发电系统的电能输出稳定、电能质量好，生物质能发电可以与水电、风电、光伏等配合，当前风光储和风光热储配合的多能互补发电方式已经很成熟，并且已经投入商业运行。未来多种发电方式配合的发电系统将成为重要的发展方向。

多种发电方式相互配合、相互补充是未来重要的电能生产方式

（3）未来农业区将成为生物质能发电的重要发展地区。在全球范围内农业区都存在配电网配套设施不完善的问题，随着农业区经济的快速发展，未来电能的需求将越来越大，需要从大电网向农业区电网输送更多电能，这就需要对很多输配电设备进行改造和完善。在农业区建设生物质能发电，就地利用资源，解决农业区用电问题，是生物质能发电的重要发展方向。

（4）未来对于生物质能发电的补贴政策将进一步加强。随着生物质能发电越来越成熟，未来全球范围内对生物质能发电技术的需求越来越大，从风电、光伏的发展经验来看，适当的补贴政策将成为可再生能源快速发展的重要促进手段。可以预见，未来全球各国政府将加大对生物质能发电行业的补

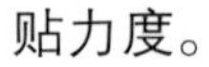

贴力度。

相比于其他发电方式，生物质能发电既能提供电力能源，又能消耗工农业生产产生的垃圾，随着技术的革新，环境友好性也会越来越强。未来生物质能发电厂可以替代火电厂成为枢纽发电厂，为电网稳定性提供保障。在全球能源互联网中，生物质能发电将成为最重要的可再生能源应用技术之一，生物质能发电的快速发展，将给全球能源变革带来巨大的动力。

四、潮汐发电技术

1 潮汐发电技术的发展现状

海水会有涨潮和退潮的现象，这背后隐藏着非常微妙的物理原理。地球自转，并且与太阳、月亮等其他天体的相对位置总是会发生周期性变化，从而使得地球上的海水受到其他天体的引力也发生周期性变化，导致海水会出现周期性的涨潮和退潮，这样的现象称为潮汐现象。潮汐现象实际上是一种势能和动能的转化，理论上这包含着巨大的能量，多年以来人们一直想办法将这种能量转化为可利用的方式。潮汐发电就是目前人们对于潮汐最重要的利用方式。

潮汐现象中包含着巨大的动能势能转化

1912年，德国在布苏姆建成了世界上第一座潮汐发电站，这座潮汐电站装机容量并不大，它的意义并不在于每年送出的电能，而是在于验证了潮汐发电技术的可行性，为后来直到今天的潮汐发电站提供了示范和参考。布苏姆潮汐发电站建成后，美国、前苏联、法国、英国、阿根廷等国家纷纷展开潮汐发电技术的研究，并且规划了一大批潮汐发电项目，然而真正落地的项目并不多，在这期间中国也上马了一批潮汐发电站，包括金港潮汐发电站、幸福洋潮汐发电站等示范性质的潮汐发电项目，但由于规划不合理、设备维护难度大等原因，一些潮汐发电站在建成后被迫停运。直到1967年，世界上第一座大型商用潮汐发电站法国朗斯电站才落成，该电站装机容量为240MW，安全稳定运行至今；1968年，前苏联落成了容量为400kW的基斯洛潮汐发电站；1980年，中国投运了3MW潮汐发电站江厦潮汐发电站；1984年，加拿大投运了安纳波利斯潮汐发电站；2011年，韩国在京畿道安山市建成了始华湖潮汐发电站，该电站装机容量254MW，是目前世界上最大的潮汐发电站。

近十年来建成的大型潮汐发电站并不多，但一些过去未重视潮汐发电的国家已经开始纷纷上马潮汐发电项目。例如，PT BUMWI和新加坡绿色林业产品研究所在印度尼西亚西巴布亚省宾图尼的阿图姆贝萨尔岛建成了东南亚第一座并网潮汐发电站；2011年，印度在西部古吉拉特邦建立了第一座大型潮汐发电站，在此之前，印度规划的潮汐发电项目多为小型工程；2017年，印度尼西亚政府宣布计划在东弗洛雷斯岛建设世界最大的潮汐发电站，目前该项目仍在规划阶段。

当前全球范围内潮汐发电行业发展速度并不快，但是不可否认潮汐发电技术是全球能源互联网构建中可再生能源利用的重要技术。潮汐发电的建设是一项浩大的工程，因为地点特殊，所以通常需要统筹考虑航运、渔业、旅游等行业的发展，未来全球能源互联网将站在全球视野统筹规划，为潮汐发电行业解决这一难题，使潮汐能得到充分的利用。

2 潮汐发电技术的分类

目前主流的潮汐发电方式主要包括有水库式潮汐发电和无水库式潮汐发电，有水库式发电是利用潮汐中的势能发电，无水库式发电则是利用潮汐中

的动能发电。

有水库式潮汐发电是当前世界上应用最广的潮汐发电方式，其发电原理是利用潮汐现象造成的势能进行发电。目前有水库式潮汐发电方式主要分为单库单向式、单库双向式和双库单向式三种。

有水库式潮汐发电是目前主流的潮汐发电方式

单库单向式潮汐发电方式在海水涨潮时，打开水库闸门蓄水，待海水退潮时，打开水库闸门放水，在退潮放水时推动水轮机转动发电。单向单库式潮汐发电方式的优点在于其设备要求简单，建设复杂度小，投资较低，但是缺点在于这种发电方式只利用了涨潮与退潮时的单向水位差，未能合理利用潮汐能。1984年，加拿大安纳波利斯潮汐发电站，根据项目现场具体情况以及当时的技术水平，选择了单库单向式潮汐发电方式，该电站装机容量17.8MW，年发电量5000万kW·h，多年来为加拿大提供了大量的能源供应。不过近些年建设的潮汐发电站，已经很少再利用单库单向式潮汐发电了。

单库双向式潮汐发电方式有效地弥补了单库单向式潮汐发电的劣势，充分利用了潮汐能。单库双向式潮汐发电设有两条独立的引水管道，涨潮时海水从进水道向水库注水，推动水轮机进行发电，退潮时水库通过排水道向大海排水，同时也推动水轮机发电。单库双向式潮汐发电方式虽然更大程度地利用了潮汐能，但是投资也大。中国于1989年建成的幸福洋潮汐发电站就采用了单库双向式潮汐发电方式，该电站装机容量1.28MW，年发电量达320万kW·h；前苏联的基斯洛潮汐发电站也是单库双向式潮汐发电方式，该电站装机容量400MW，年发电量达230万kW·h。单库式潮汐发电方式都存在着一个缺陷，即难以实现连续发电，如要实现连续发电，则必须准确预测海水涨落时间。

双库单向式潮汐发电方式克服了单库式潮汐发电方式的缺点，可以实现连续发电。双库式潮汐发电方式利用两个水库，在海水涨潮时向高位水库蓄水，海水退潮时低位水库向海水排水，高位水库和低位水库之间通过引水通道连接，通过控制引水通道中的水流量保持两个水库总有高度差，确保两个水库之间的引水通道持续有水流通过，能够推动水轮机进行持续发电。双库单向式潮汐发电方式相当于利用潮汐制造了两个水库的水位差，并利用水库中存在的势能进行发电。尽管可以实现连续发电，但是双库单向式潮汐发电方式需要建两个水库，投资很大。1985年，中国建成的海山潮汐发电站就采用了双库单向式的潮汐发电方式，该电站装机150kW，年发电量31万kW・h。经实践验证，双库单向式潮汐发电方式对潮汐能的利用能力更强，但投资明显高于其他同容量潮汐发电方式。

潮汐的变化过程也是海水落差的变化过程，在海水落差变化的过程中，势必伴随着海水的流动，因此，海水不仅拥有势能，还拥有动能。有水库式潮汐发电利用潮汐过程中海水的势能进行发电，而无水库式潮汐发电方式则利用潮汐过程中海水的动能进行发电。无水库式潮汐发电方式在原理上借鉴了风力发电，如果把风力发电看成利用气流流动进行发电的方式，那么无水库式潮汐发电就是利用了水流流动进行发电，目前海底风车式潮汐发电和全贯流式潮汐发电是比较流行的无水库式潮汐发电方式。尽管有水库式潮汐发电还是主流发电方式，但在特定的环境和水流条件下，无水库式潮汐发电更能发挥其优势。

海底风车式潮汐发电实际上与风力发电的原理相似，只是将水轮机（汽轮机）的推动力由风变成了海水。海底风车式潮汐发电机组在海底打桩，将塔筒进行固定，通过可以提升的塔筒，调节水轮的高度，从而充分利用潮汐能进行发电。2003年，英国在布里斯托海域完成了海底风机式潮汐发电机组的“海流”潮汐发电试验工程，目前“海流”潮汐工程已经扩建到1500kW，对于海底风车式潮汐发电的大规模应用极具示范意义。

与海底风车式潮汐发电相比，全贯流式潮汐发电实际上是改变了水轮的形式，由叶片式风机变为中心开放式滑动轮帆型转子。水流可以从水轮中贯穿通过，冲击有一定倾斜角度的叶片，推动水轮转动进行发电。目前在全球范围内，还没有全贯流式潮汐发电试验工程投入运行，但美国、英国、挪威、中国等国家都成功完成了全贯流式潮汐发电机组的研发试验，未来将在条件理想的海域展开全贯流式潮汐发电试验工程的建设。

无水库式潮汐发电技术实际上是利用了海水的动能

潮汐发电技术充分利用了来自天体引力的潮汐能，是对全球能源互联网清洁电源的重要补充。几十年来潮汐发电的发展过程中，出现了多种形式的应用，各自展示了其优势，也暴露了一些缺点。未来全球能源互联网的构建中，根据海域条件和能源需求合理规划潮汐发电工程的建设，提升发电效率，将使其在全球能源供应中扮演更重要的角色。

3 潮汐发电技术的特点

潮汐发电利用天体间引力产生海水势能和动能进行发电，技术上则借鉴了水电和风电，经实际工程检验，是一种相对可靠的发电方式。尽管这些年因为多种原因导致潮汐发电并没有大规模装机，但是在未来能源需求越来越大、多种发电方式共同发展的模式下，潮汐发电的优势将会凸显，从而获得快速发展。潮汐发电的优势主要体现在以下几点。

（1）潮汐能虽然具有间歇性，但是存在规律，与风电和光伏等发电方式相比，受气象条件的影响小，可以经过准确预测进行合理规划，结合海水涨落水平和能源需求状况制定潮汐发电计划，尽可能多地补充其他发电方式的电能缺口。当前潮汐发电在电网中所占比例并不大，但是未来当潮汐发电的比例越来越高时，做好发电计划就成了极为重要的问题。

（2）潮汐发电建设在海水之下，并不影响环境，蓄水库建设在海洋中，也不会像其他水电大坝那样会淹没农田和民居。比较创新的思路是在浅海区域将潮汐电站的拦海大坝做成旅游景观，发展当地旅游业。

（3）潮汐发电的理想开发地点多在沿海浅海区，从全球用电负荷的分布情况来看，用电负荷中心多集中在沿海地区，因此潮汐发电站距离用电负荷区域较近，不需要远距离送电。相比于风电和光伏能源基地常建设在风力资源和光照资源较为丰富的偏远地区，节约了远距离输变电工程的建设成本。

当前潮汐发电设施越来越注意与当地景观相配合

从当前全球潮汐发电工程的实践来看，潮汐发电技术仍然存在着一些缺陷。

（1）潮汐发电依靠海水的涨落进行发电，虽然潮汐能具有规律性，但是其也具有明显的间歇性，大多数潮汐发电站难以实现连续稳定发电，因相关技术不成熟，导致电能质量也相对较差。因而，潮汐发电方式目前还定位为常规发电方式的补充，如果要作为主发电方式，还需保证供电的安全性和稳定性。

（2）潮汐发电投资较大。有水库式潮汐发电需要建设水库，双水库式潮汐发电方式甚至还需要建设两座水库，无水库式潮汐发电则需要进行大量水下施工和大量新型设备研发的投入，实际上这些工程的工程量都非常大，所需投入成本都非常高。法国朗斯潮汐发电站建成时，其单位容量投资达到当时水电站的2.5倍。

（3）潮汐发电对于地质和潮汐年平均潮差要求较高。从当前的技术水平来看，海水的落差需要达3m以上才能满足潮汐发电的要求。当前投入商业运行的潮汐发电站所在海域的年平均潮差大多在4m以上。例如加拿大芬地湾潮汐发电站的年平均潮差达到11.8m，中国江厦潮汐发电站的年平均潮差达5.1m。另外，潮汐发电要求海岸地形能够建设水库储存大量海水。可以说并不是所有的浅海海域都能建设潮汐发电，而海水和环境条件适合建设潮汐发电站的地区，又有可能涉及保密、安全问题或者因其他行业的发展需要不能建设潮汐发电站。因此，潮汐发电站选址困难也是困扰其快速发展的重要原因。

（4）潮汐发电站设备易受海水腐蚀。潮汐发电站的设备常年浸泡在海水中，极易受到海水的腐蚀，导致设备运维成本变高，缩短了设备的使用寿命，间接增加了潮汐发电站建设和运维的成本。中国在20世纪50 ~ 80年代曾建设了多座潮汐发电站，但多座发电站都因为设备受海水腐蚀严重而被迫停运。所以做好潮汐发电设备的防腐蚀和养护工作，是未来潮汐发电技术能够大规模投入商业应用的重要保证。

从多年潮汐发电技术的实践来看，尽管试验潮汐发电站已经成功运行多年，但在运行中也暴露出一些需要解决的缺陷。未来全球能源互联网的建设将倒逼潮汐发电技术尽快完成相关技术攻关，实现技术突破和大规模应用。

4 潮汐发电技术的发展趋势及前景

从全球范围来看，潮汐发电产业还未能实现规模化应用，在实际运作中，有一些问题还需要从政策及产业链等视角进行解决。

有学者提出，潮汐发电是利用天体引力的作用发电，实际上是将地球转动的动能转化为电能，如果潮汐发电大规模上马，那么可能会有影响地球转动速度的隐患。当前这个问题仅仅是从概念层面提出，未有经过科学研究和论证。类似的问题在之前也曾出现，当风力发电和光伏发电高速发展时，曾经出现过风力发电影响当地气流以及光伏发电影响地面温度的担忧，但是目前来看学者们担忧的事情并未出现。此类问题在概念上存在，但无法在实际中论证，一个可行的思路是通过建模进行模拟。

潮汐发电是否会影响天体运动的问题，还需要深入研究

潮汐发电运维成本较高。因潮汐发电站建设在海水中，运维人员需乘船到现场进行设备监控，检修人员不得不进行海底作业，长期的海水腐蚀又降低了设备的使用寿命，增加了设备的故障率。上述条件无疑给设备运行、维护等工作增加了难度，提高了成本。未来对于运维方法的优化和运维人员的培训，将成为潮汐发电行业的重要工作。

潮汐发电建设过程中淤泥处理问题还未获得较好的解决。在潮汐发电工程的建设中，较多淤泥将从海底被挖出，如果无法填回，那么将对海洋生态造成很大的影响，目前对于淤泥的处理和应用也需要尽快解决。

支持政策缺乏。当前在全球范围内看，对于潮汐发电还没有非常明确的支持政策。从经验来看，在可再生能源发电技术发展的初期，风电和光伏的成本也很高，但鼓励政策曾经加速了风电和光伏产业的快速发展。潮汐发电属于可再生能源，目前也面临着高成本的问题，而且发电稳定性并不强，技术层面还未完全成熟，很多方面与当时风电和光伏类似。所以，制定鼓励政策是加速潮汐发电发展的一个可行性方案。

由上述分析可以看到，潮汐发电作为一种常规发电的补充方式，是极具前景的新技术，不难预测，未来潮汐发电将存在几种发展趋势。

（1）潮汐发电将向着规模化、大型化的方向发展。从技术特点上来看，潮汐发电站更适合被建成大规模发电站。而当前不少建成的潮汐发电站容量较低，这些工程的主要目的是对潮汐发电技术进行论证和试验运行。而未来商业化运行的潮汐发电站，将向着大规模大容量的方向发展。可以看到，近些年来建成的潮汐发电站，装机容量开始变得越来越大。

（2）各国政府将出台潮汐发电鼓励政策。当前鼓励政策的缺失也是潮汐发电发展迟缓的重要原因。这些年潮汐发电技术越来越成熟，全球电能需求也在逐年提升，可见不论从技术上还是需求上，潮汐发电已经具备了快速发展的条件。在未来的电源规划中，潮汐发电将越来越受到各国政府的重视。

（3）潮汐发电将与其他产业共同发展。潮汐发电站常建设在浅海海域，靠近港口，因此潮汐发电在规划时，应综合考虑航运业、海水养殖业和渔业等行业的发展。另外，潮汐发电也可以做成海洋景观，发展当地的旅游业。总之，潮汐发电产业需要与其他多种产业互相协调，共同发展。

（4）潮汐发电将与其他各种发电技术协调发展。潮汐发电技术有着明显的间歇性和不稳定性，因此还不具备作为主发电方式的条件，但是可以作为重要的电能补充。当前风电、光伏和光热发电技术已经实现互相补充，未来潮汐发电也将与多种发电方式共同建设，相互补充，提供更加稳定和可靠的电能。

天体运动中蕴含着无尽的能量，潮汐发电实际就是将天体运动中的能量转化为电能。从现在的技术水平和未来的发展趋势来看，潮汐发电将成为常规发电方式的重要补充，保证全球能源互联网的电能供应持续、可靠和稳定。

第三章
先进输电技术

Chapter 3

一、柔性直流输电技术

1 交直流之争

100多年前，美国曾发生过交直流之争。当时电气时代刚刚拉开序幕，许多行业都需要电力来支撑，电力工业即将进入快速发展的轨道。那时高瞻远瞩的伟人们已经看到了电力行业的前景，纷纷开始谋划电力布局。当时发电技术刚刚成熟，但是对于采用何种方式将生产出来的电能输送到用户，电力巨头们存在着不同的意见。以爱迪生为代表的爱迪生通用电气公司主张采用直流电进行输电，而以特斯拉为代表的西屋电气公司则认为应该大力推广交流输电技术。

爱迪生（左）和特斯拉（右）

为证明自己的输电方式更安全、更高效，从而引导电力行业发展的方向，当事双方可以说是不遗余力，使出了浑身解数，从技术论证，到走上层路线以及到处打广告，甚至不惜对对方进行人身攻击。不过，事实证明，在当时的发展情况下，交流输电是更合适的技术。

因为只有交流电可以通过变压器改变电压，按当时的发展水平，直流电的电压是无法按照人们的需求改变的。那时还没有把直流电变成交流电的逆变技术，所以如果当时采用直流技术进行输电，那么在输电源头（即发电机侧），电压就必须与用户所需电压相同（美国的市电电压为110V），那么整条线路的电压接近110V，非常低（现在直流输电最高电压为1100kV，是110V的1万倍）。在线路输送功率很高的情况下，根据$P=UI$（功率为电压与电流的乘积），如果电压只有110V，势必导致线路中的电流非常大，从而使线路发热严重，线路中输送的电能很大一部分都用来使导线发热了，发热损耗的电能甚至会超过用户获得的电能，导致输电非常不经济。简单地说，当输送同样功率的时候，利用110V电压等级进行输送，线路发热损耗的电能是利用1100kV电压等级进行输送时的1亿倍。

而交流电可以在发电侧通过变压器将电压升高（通常都在1kV以上），经线路送到用户侧，在用户侧再经过变压器将电压降低为用户所需电压，输送给用户进行使用。采用交流输电，能在输送相同功率的情况下，利用变压器提升输电线路的电压，减小输电线路上的电流，极大地降低了线路损耗，所以在100多年前，交流输电成为了主流输电技术。

如今我们能看到的杆塔和线路，90%以上都是交流输电设备。交流输电技术作为主流技术为我们服务了100多年，推动了许多技术的革新，见证了无数行业的跨越，成为了人类文明中最重要的科技产业。

交流输电线路目前占世界输电线路长度的90%以上

2 交流输电技术的缺陷

得益于交流输电技术的发展，100多年来，我们的生活被电力所点亮和驱动。

然而当电力系统的规模不断变大，世界上很多国家区域内的电网已经互联，甚至国家之间都在寻求电网互联，到今天我们构建全球能源互联网时，交流输电技术的局限性就慢慢显现出来了。

（1）首先是同步问题。同步是个比较专业的词，通俗点说，就是要保证电力系统中所有的发电机都以同步转速旋转。如果不能实现同步，就会导致振荡、频率崩溃和电压崩溃，严重情况下会出现大停电事故。

在过去电力系统规模较小、电网之间彼此隔离的情况下，想要实现同步并不难。但是在全球能源互联网的构建过程中，电网规模将会越来越大，当成百上千台发电机同时并网运行时，要保证电力系统的同步，使不同电网的发电机都按照同步转速旋转，难度就变得非常大。这不仅需要采用非常复杂的控制方案和信息系统，还需要配备新型的继电保护。随着电网的规模扩大，发生连锁故障的风险也随之增加，一旦发生大停电事故，带来的危害和损失将难以估量。

2006年，德国一条380kV线路的中断，致使其他线路电压升高，引发连锁反应，导致德国电网崩溃，后波及与德国电网采用交流同步互联的法国、比利时、意大利等国家的电网，引发欧洲大停电。这次大停电事故暴露了交流联网的问题，也引起了人们对交流输电技术的反思。

（2）采用交流技术，不同国家电网之间难以实现互联。世界上不同国家的电网并非采用相同的频率运行（也就是说，每个国家电网的发电机并不都是按照相同的同步转速旋转发电的），在这种情况下，采用交流技术实现大电网的互联是非常难的。在全球能源互联网的构建过程中，跨国联网是非常常见的事情。如果采用交流技术进行联网，为满足联结后电网的电压稳定、频率稳定和功角稳定等的要求，需要配置相当复杂的继电保护措施和稳定控制方案，技术上需要攻关，成本上还不好控制。

如沙特阿拉伯电网的频率为60Hz，埃及电网频率为50Hz，作为中东和北非最大的国家，两国电网规模都很大，而又有互通的需求。从经济和技术上考虑，采用交流技术联网是难以实现的。目前两国正研究采用直流技术进行电网的互联。

马来西亚的电网频率为50Hz，菲律宾的电网频率为60Hz，虽然这两个国家距离不远，并且电网规模都非常小，但是如果采用交流技术将这两个国家的电网进行互联，难度也是非常大的。

中国与俄罗斯虽然电网频率都是50Hz，但是两国电网特征与稳定性等方面存在着很大的差异，采用交流技术联网将遇到很多难以把控的技术困难，因此中国东北电网与俄罗斯电网进行互联时，并未采用交流技术，而是利用了直流背靠背换流站的形式。

（3）随着电网辐射范围的增大、电压等级的升高，交流输电线路的感抗和容抗问题也越来越明显。感抗和容抗属于交流电特有的问题，感抗和容抗不消耗有功功率，但是消耗无功功率，会导致线路末端电压过高，影响末端系统的稳定性。

在电力线路电压较低、输送距离相对不远的情况下，感抗和容抗的问题并不明显。而当交流输电线路电压较高、输送距离较远时，感抗和容抗也就成了一个不可忽视的问题。当输送功率提升到一定程度，线路感抗的作用将超过电阻的作用，不仅消耗大量无功功率，造成能源浪费，还会对通信系统产生严重的电磁干扰；而对于地下电缆和海底电缆，等效电容将会使末端电压升高，出现电能无法送出的问题。高压交流输电线路中，常会采用串补和并入高抗等方式以减小线路感抗和容抗的影响，而这些措施又增加了线路建设和改造的成本。

中国在2000年投运的大房500kV输电线路是中国“西电东送”的重要通道，为保证其安全性和稳定性，提高电力输送能力，投运1年后，就加建了串补站为该线路进行无功补偿。

串补站的串补平台

这些问题一直是交流技术发展的隐患，虽然很多年前理论上已经可以预见，但是那时候大电网距离人们还比较远，交流输电的问题尚不突出。

几十年来，随着世界经济的快速发展，电力系统作为国民经济的命脉，规模也在不断扩大。中国、巴西、南非等国家经济发展速度快，用电需求日益增加，但这些国家国土辽阔，能源中心与负荷中心却相距较远，采用交通运输的方式进行能源运送的成本过高，因此对远距离输电和大电网的需求变得日益迫切。自2001年到2010年十年间，中国大力推行“西电东送”工程，将西部电力富余地区的电能跨越上千公里输送到东部缺电地区。巴西、南非等国家也都在积极推行远距离跨区域输电工程。在这个过程中，通过提高交流电压等级，一定程度上提升了输电线路的输电距离。到今天，随着全球能源互联网的构建步伐逐步加快，交流输电的问题愈发明显，而换流技术（即交流电和直流电互相转换的技术）的逐渐成熟则使直流技术的应用速度加快。对于高电压、远距离输电和大规模电网互联，直流输电技术优势渐渐地显现出来。

3 直流输电技术的原理及分类

直流输电，顾名思义，就是采用直流电的形式进行电能传输。传统直流输电技术（简称“直流输电技术”）采用晶闸管组成换流器件，可以实现交流电和直流电的转换，从而使直流输电技术得以实现。

如下图所示，直流输电的原理非常简单，整个系统由两端的换流站和输电线路组成，采用点对点的方式进行传输，中途不设置线路分支。输电起始端的送端换流站1（整流站）从送端交流系统引入交流电，在换流站内进行变压、滤波、整流等过程，将交流电变为直流电。直流电经直流输电线路远距离送电后，到达受端换流站2（逆变站），将直流电经逆变、滤波、变

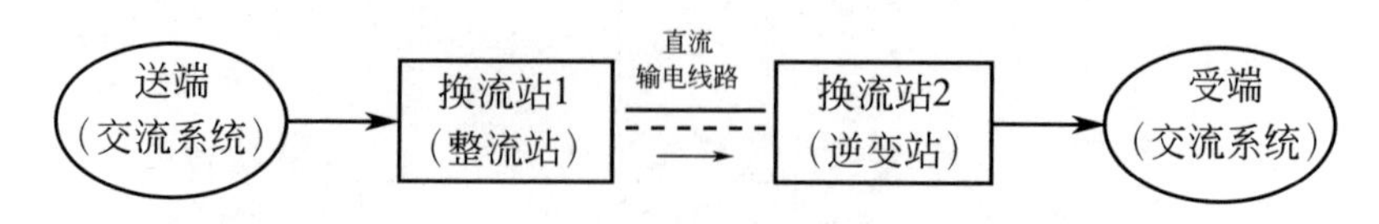

直流输电原理

压后变为交流电，送入受端交流系统。直流输电线路将直流电从整流站送到逆变站，构成了一个完整的直流输电系统。

这种直流输电系统称为两端直流输电系统，是直流输电中最常见的形式。目前建成的直流输电工程大多是两端直流输电系统，如举世闻名的巴西伊泰普水电站输电系统，就采用了两端直流输电的形式，该系统的输送电压达 ±600kV，输送容量达6000MW，将伊泰普水电站发出的电能输送到巴西负荷中心圣保罗，线路全长达1590km。在中国三峡水电站建成之前，伊泰普水电站是世界上最大的水电站，也是巴西的能源中心，这条水电送出系统平稳运行了几十年，保证了巴西社会的稳定和经济的迅速发展。

除了两端直流输电系统，直流输电系统还可以实现多端运行。根据换流站的数量，可以将直流输电系统分为三端及多端系统。多端直流输电系统对控制系统的要求很高，对换流站中的稳定控制系统的依赖性也非常强。魁北克－新英格兰直流输电二期工程，就采用了三端直流输电系统。该工程电压为 ±450kV，输送容量2250MW，线路长度达1507km，整个路径中有拉底松、尼可莱以及桑地旁三个换流站，对魁北克和新英格兰地区的电力系统有着很强的调节作用。值得一提的是，本来该工程最初设计为五端运行，后来发现五端运行的控制方案过于复杂，稳定性不够，因此改为三端运行。可见，柔性直流输电多端运行对稳控系统的要求极高。

背靠背（BTB）换流站，也是直流输电的常见应用方式。如下图所示，背靠背换流站相当于将整流站和逆变站建在同一个换流站内，省掉了中间的直流输电线路部分。背靠背换流站一般用于不同步电网的互联，通过整流－逆变的方式非常巧妙地化解了频率、相位不同的问题。如北美伊尔河背靠背换流站，在不设置新型保护控制方案的情况下，采用背靠背的方式联结了布伦兹瑞克和魁北克两个非同步电网。

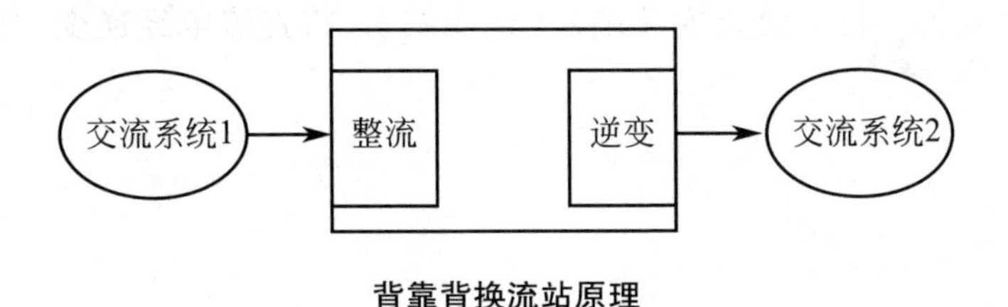

背靠背换流站原理

4 直流输电技术的特点

直流输电技术在原理与结构上与交流输电技术有着很明显的不同，在构建大电网及电能的远距离输送中，发挥着巨大的作用。在全球能源互联网的构建中，直流输电技术有着交流输电技术难以比拟的优势。

（1）从技术上说，采用直流输电技术，可以解决交流输电长期以来一直存在的稳定性等诸多问题。

首先，直流输电技术可以很好地避免同步问题，安全稳定地进行电网互联，并且不存在容抗和感抗问题等。因为对于直流电来说，并不涉及频率与相位，也就不存在同步问题，而采用直流技术进行跨国联网，可以安全稳定地将非同步运行的交流电网进行互联；直流输电线路也不存在电感和电容问题，即使因为整流不彻底而存在少量的交流成分，引起的线路电感和电容问题也是微乎其微、非常容易解决的。中国与俄罗斯的电网就采用了黑河背靠背换流站进行互联，自2011年投运以来，该换流站运行稳定，俄罗斯已通过该换流站向中国输送超过80亿kW・h的电能，带来了极大的经济效益和社会效益。

中国与俄罗斯联网通道：黑河背靠背换流站

其次，采用直流输电技术实现交流电网互联，可以起到故障隔离的作用，从而避免电力系统大规模故障。通过直流技术进行互联的交流电网，虽然存在能量上的交换，但是当其中一个系统发生大规模故障时，可以迅速将其切除，从而避免故障范围的扩大。印度北部电网、东部电网、东北部电网和西部电网采用交流同步联网，南部电网则通过直流的方式与周围电网进行异步联网。2012年7月30日和7月31日，印度发生了两次严重的大停电事故，波及印度过半国土和5亿多人口，两次大停电均发生在交流同步联网区域内。原因为北部电网故障发生后，其他同步互联的电网未能及时解列，从而引发连锁反应，导致大面积停电。而印度南部通过直流系统进行异步联网的区域电网，从未发生过大规模停电事故。

采用直流输电技术，还可以对潮流进行控制。交流系统的潮流，一般会按照系统内阻抗的分布规律进行自然分布，调节起来非常困难，而采用直流技术，可以通过换流站的控制系统改变潮流流向，从而控制潮流的分布，能够对整个系统起到稳定作用。例如中国的嵊泗直流工程，联结上海与嵊泗岛，既可以实现从上海向嵊泗岛送电，又可以实现从嵊泗岛到上海送电。

实践证明，直流输电技术还比交流输电技术更具可靠性，尽管目前投运的直流输电线路数量有限，但直流输电技术在可靠性上已经表现出很明显的优势。

（2）从经济性上说，当进行高电压大容量远距离输电时，采用直流输电比采用交流输电更加经济。对比直流输电技术和交流输电技术的经济性，一般从设备成本以及技术成本等方面来综合考虑。

设备成本方面，直流输电线路一般只需要正负两回输电线路，比交流输电线路的三回输电线路造价更低，尽管直流换流站的造价比起交流变电站要高一些，综合考虑起来，当架空线路输电距离超过600 ~ 700km，电缆超过20 ~ 40km时，采用直流输电方式将比交流输电方式更加经济。

技术成本方面，因为要保持系统的稳定性，所以交流输电线路既要控制电压等级和输送容量，保证系统的功角频率的稳定性，又要采取措施应对感抗和容抗，这就进一步增加了交流输电的成本。而直流输电并不存在功角稳定和频率稳定等问题，在电压和容量的提升中，稳定性的实现相对简单。

直流输电只需要两回线路，因此其占走廊面积更小，也就大大减少了征地成本，增加了工程建设的经济性。

直流输电线路（左）与交流输电线路（右），直流输电线路每回有两相，而交流输电线路每回有三相

尽管直流输电已经在电力系统中成功运行多年，但是传统的直流输电技术在许多方面仍然需要技术攻关，导致其应用范围有限。

（1）传统直流输电的逆变站采用电网换相方式，这种换相方式要求熄弧角大于最小熄弧角，并且有稳定的电压作为支撑，如果受端系统出现故障，或者熄弧角过小，就会出现换相失败的情况。电网换相方式对受端电网的依赖性非常强，对受端电网的稳定性要求也非常高。在受端电网为强系统（即稳定性较强，发生故障、扰动时不易崩溃的系统）时，尚且可以进行有效换流，而在受端系统为弱系统（即稳定性较弱，发生故障、扰动时容易崩溃的系统）时，则非常容易出现换相失败。

实际上偏远地区和距离大陆较远的海岛才是真正的缺电地区。全球能源互联网的进展过程中，也必将向海岛、孤岛、小城市配电网等系统供电，而这些系统作为受端都是相对较弱的系统。尽管利用交流输电技术也可以将电能送向这些负荷，但是从经济性和安全性上来说，特别是遇到需要敷设海底电缆的情况时，采用交流输电技术并不是一个好的选择，而采用传统直流输电技术，则会频繁出现换流失败的情况，导致送电效率低，经济效益也随之变差。

（2）传统直流输电技术在运行时需要进行大容量的无功补偿。传统的直流输电采用晶闸管换流器，作为典型的非线性元件，在换流的过程中，需要吸收大量的无功功率。这必须依靠复杂的无功补偿方法维持换流器的正常运行，目前传统直流输电系统采用投切电容、静止无功补偿器以及同步调相机进行无功补偿，虽然能够满足系统对无功补偿的需求，但是成本也随之提高。

上述缺点导致传统直流输电技术的应用具有局限性，在一些领域内无法发挥作用。为克服传统直流输电技术的缺点，充分利用直流技术的优势，使其更广泛地服务于全球能源互联网，作为对传统直流输电技术的提升和补充，柔性直流输电技术应运而生。

5 柔性直流输电技术

“柔性”（Flexible）是指可以控制。柔性直流输电的意义在于通过全控型开关器件以及新型控制系统，使输电系统能够克服电力系统对线路电流和功率流向的牵制、换流阀对受端电网的依赖等问题，使电力系统变得“可控”。

柔性直流输电的出现得益于电力电子技术的进步，全控型开关器件绝缘栅双极型晶体管（Insulated Gate Bipolar Transistor，IGBT）是柔性直流输电技术的核心器件。晶闸管的关断必须依靠电网电流的过零点，而IGBT可以自行控制关断，这使得柔性直流技术的换相可以不再依赖于电网。

柔性直流输电又称轻型直流输电或者新型直流输电，是一种非常先进的直流输电技术，其技术核心在于电压源控制换流器（VSC），通过VSC，可以不依赖于电网自行进行换相。柔性直流输电也是目前电力电子技术在电力系统中最高端的应用。柔性直流输电采用IGBT组成的换流阀进行器件换相，而传统直流输电则采用晶闸管组成的换流阀进行电网换相。器件换相采用可关断器件IGBT，可以自行控制器件的关断，这样就摆脱了换相元件对电网的依赖，有效而自由地进行换相。

柔性直流输电系统的原理与传统直流输电类似，来自交流电网的交流电经整流站后变为直流电，通过直流输电线路送向远方受电端，在受电端经过逆变站成为交流电，再次接入交流电网。柔性直流输电系统与传统直流输电系统有以下几点不同。

基于IGBT的柔性直流换流阀

（1）柔性直流输电采用IGBT元件进行换流，与传统直流输电采用晶闸管不同，IGBT可以自行控制开断，不需要依赖电网的过零点，这也就使得柔性直流输电技术很大程度上摆脱了受电端的牵制，对电能的控制和变换更加灵活。

（2）柔性直流输电系统不需要在换流站加设无功补偿，滤波装置也相对简单。因为基于IGBT的换流器件可以根据需要自行产生无功功率。柔性直流系统所产生的谐波含量小得多，因此无需复杂的滤波环节。

（3）柔性直流输电的换流阀采用了集成模块，占地面积小，更加节约用地，减少了征地成本，特别适合为城市中心供电。

（4）采用IGBT作为换相元件，配合精密的控制系统，因此柔性直流输电不需要站间通信，可以利用开关元件直接对换流站的运行情况进行控制。

可以看到，虽然柔性直流输电的换流元件相对复杂，却带来了更优越的换流效果和电能质量，也使其能够应用在更加极端的情况，从而解决采用传统直流输电和交流输电都无法解决的问题。

6 柔性直流输电技术的特点

传统的直流技术是难以向弱系统（如受端系统孤岛、城市中心等）送电的，而这对于柔性直流技术来说则不算问题。相对于交流输电与传统的直流输电，柔性直流输电有着以下不可比拟的优势。

（1）柔性直流输电对受端电网的依赖不强，采用柔性直流输电可以向弱电力系统送电。诸如海岛、落后偏远地区电网以及不存在发电系统的电力网络，都是弱电力系统，传统的直流输电技术难以安全稳定地向这些弱系统送电，而柔性直流输电因采用器件换相，对电网的稳定性没有特别的要求，所以非常适合向弱系统供电。

（2）柔性直流输电可以将有功功率与无功功率解耦，进行单独调节。采用柔性直流输电在换流时不仅不需要交流系统向其提供无功功率，换向器还可以充当静止补偿器的角色，向交流系统提供无功补偿，以支持交流系统的电压建立和电能传输。

（3）柔性直流输电没有最低输送容量的限制。传统直流输电要求输送容量需为其额定容量的10% ~ 15%，而柔性直流输电技术则没有此要求。因此，对于一些近期需要向小容量重要负荷送电、远期会大幅提升输送容量的输电工程，采用柔性直流输电就是一种很好的选择。

（4）柔性直流输电系统换流产生的谐波含量较小。柔性直流输电的开关设备一般采用PWM换相技术，相对于传统直流输电技术，PWM换相技术开关频率较高，换流后的电流谐波含量较小。因此，柔性直流输电系统的换流站不需要滤波装置，而传统直流输电系统需要并联大量的滤波装置，以消除换流产生的谐波。这样一方面提高了换流的电能质量，另一方面减小了占地面积。

（5）柔性直流输电的潮流反转灵活方便。潮流反转是直流输电的一个基本功能，即直流输电线路可以根据电能需求的变化，改变电能流动的方向。传统直流输电在潮流反转时需要改变极性，改变极性需要非常复杂的控制方式，并且容易出现差错，造成系统故障。而柔性直流输电在潮流反转时，只需要改变电流方向，无需改变极性，控制的难度降低很多。因此，柔性直流输电更加适合潮流经常需要发生变化的输电系统，如多端直流系统。当前世界上很多多端直流系统都采用柔性直流输电技术，尽管传统直流输电技术也有多端系统的工程在运行，但是目前传统直流多端系统最多只能稳定运行在三端上，而在中国舟山已经有五端柔性直流工程成功投运。

（6）柔性直流输电换流站的占地面积较小。柔性直流输电的换流阀采用模块化设计，体积较小，而其高效的换流与控制方式也不需要站间通信、无功补偿与复杂的滤波装置，甚至都可以不用换流变压器，这样大大减小了换流站的占地面积，节约了征地成本。

柔性直流换流模块

尽管柔性直流输电技术已经是目前输变电领域最为先进的技术之一，但是仍存在着一些缺陷，使得柔性直流输电并不能包打天下，必须要与交流输电、传统直流输电配合，才能更好地为电力系统服务。

柔性直流输电的缺陷主要表现为以下几方面。

（1）输送电压不高，输送容量有限。柔性直流输电采用IGBT作为换流元件，而IGBT的击穿电压并不高，这就制约了柔性直流输电向更高电压等级发展。另外，对于高压直流设备（如直流断路器）的研发相对滞后，这也导致柔性直流输电的电压等级难以提升。目前已建成的柔性直流输电工程最高电压等级为±350kV，但±500kV的柔性直流输电已完成技术攻关，示范工程即将在中国张家口建设。

柔性直流输电的输送电压较低，导致输送相同功率时，线路中的电流相对较大，为使线路尽可能少地发热，从而减少能源的浪费，柔性直流输电线路当前的输送容量都不大，距离也都不长。想要提升柔性直流输电的输送容量和输送距离，还要依靠技术攻关，提升柔性直流输电的输送电压。

当前直流电缆技术发展的滞后也是制约着柔性直流输电发展的重要因素。当前直流电缆的耐热能力不强，导致线路输送的电流不能过大，加之柔性直流输电系统的输送电压不高，制约了柔性直流输电输送容量的提高。

（2）柔性直流输电的可靠性较低。因为目前可以开断高压直流线路的直流断路器还没有展开应用，所以当直流侧发生故障，必须使用交流断路器切断整个直流系统。因此，柔性直流输电系统一旦发生故障，必须采用交流断路器切断，其波及范围较大，恢复时间较长，对两侧系统都会产生影响。目前直流断路器的研发已经取得初步成果，±200kV的直流断路器即将在中国舟山柔性直流工程中获得应用。

（3）柔性直流输电换流站的造价更高。相对于常规的直流输电系统，柔性直流输电的换流站因需要采用模块化换流阀、更为复杂的控制系统以及更高频率的开关设备，所以造价比同电压等级的传统直流换流站要高。

7 柔性直流输电技术的应用

柔性直流输电作为一项先进技术，已经被应用来解决一些交流技术和传统直流输电技术无法解决的问题。尽管柔性直流输电技术还存在着一些问题尚未攻克，但是其已经得到了非常广泛的应用。目前柔性直流输电主要用于以下场合。

（1）电网互联。尽管传统直流输电也可以完成电网互联，在大型电网的互联中发挥重要作用，但是对于地区级电网以及城市级电网这种小型电网的互联，柔性直流输电将更加具有优势。如2002年美国投运的±150kV Cross Sound Cable工程，就采用长度为340km的海底电缆实现了美国新英格兰纽黑文地区与纽约长岛地区的电网互联。纽黑文与长岛地区的电网相对较为薄弱，采用常规交流输电将会出现很严重的稳定性问题。该柔性直流输电系统可以在两个地区之间实现330MW的电能传输，而且该系统在2003年北美大停电中表现出了极强的稳定性和带动电网恢复的能力。目前法国电网和西班牙电网正在通过 ±320kV 柔性直流输电技术进行互联，该工程完成后，两国电网将实现互联互通，电力输送和交易将变得更加通畅。

（2）向海岛及城市中心负荷供电。海岛远离负荷中心，采用交流和传统直流的方法接入电网成本较高，控制难度也较大。常使用的方法是采用柴油机就地发电，以满足海岛的电力需求。这种方式发电成本较高，而且随着海岛负荷的不断增加，柴油发电机的建设进度难以跟上用电负荷需求。采用柔性直流输电，则可以利用内陆电网提供给海岛的负荷，使电力系统更加经济和易于规划。

2005 年在挪威投运的泰瑞尔柔性直流输电工程，其目的则是向海上天然气钻井平台供电。该系统电压等级为 ±60kV，通过长度为 70km 的海底电缆将来自克尔斯奈斯换流站的电能输送到海上天然气钻井平台。多年来该线路一直持续着向泰瑞尔海上天然气钻井平台供电，维持着泰瑞尔钻井平台的正常工作。

2015 年在中国福建投运的厦门 ±320kV 柔性直流输电科技示范工程，就是向海岛送电的典型工程。厦门岛是中国东南沿海地区用电量最大的岛屿，但岛上并没有电源，需要依靠来自内陆的电源向其供电。新建工程采用长度为 10.7km 的海底电缆向厦门岛提供 1000MW 的供电容量，极大地满足了厦门岛的用电需求。

厦门 ±320kV 柔性直流输电科技示范工程彭措换流站

城市负荷中心位于负荷集中区，目前发达城市的电网大多已经初具规模，而城市的迅速崛起过程中常常会出现当初的电力规划无法满足当前用电需求的情况，这种情况下，需要为城市中心负荷提供更多的电能。采用交流技术为城市中心负荷供电是很不经济的，而且建设规划外的交流线路需要考虑很多问题，传统直流输电技术又无法向城市负荷中心这种弱系统送电。柔性直流输电点对点的输电方式及其在向弱系统输电过程中的稳定性和可靠性，正好可以满足向城市中心负荷供电的需求。采用柔性直流输电向城市中心负荷供电，可以在任何输送功率下，保证系统的稳定性。

2010年投运的±200kV Trans Bay Cable工程，就是通过长度为88km的海底电缆将匹兹堡的电能输送到旧金山，不仅极大地满足了旧金山的电力需求，还使旧金山的电网更加稳定。

（3）风电场并网。目前风电场并网存在着很多问题，采用交流技术并网，风电场与电网的同步问题以及低压穿越问题都使风电并网极不稳定，采用传统直流技术并网又会出现换相失败的问题，稳定性极差。采用柔性直流技术实现风电场的并网，这些问题将迎刃而解。柔性直流技术可以允许风机在较大频率范围内运行，还能为电网和风电场提供无功补偿，帮助系统实现低压穿越。

2011年投运的上海±30kV南汇柔性直流输电示范工程，将南汇风场通过长度为8km的电缆并入上海电网，该工程输送容量为20MW，投运后移至今安全稳定运行，很好地验证了柔性直流输电技术在风电场并网方面的优越性。

2013年在中国投运的南澳±160kV多端柔性直流输电工程，则是采用柔性直流技术实现风电并网的典型应用。南澳地区风力资源丰富，风电企业在此建设了大规模的风电机组。南澳多端柔直工程包括换流容量分别为50MW、100MW和200MW的3个换流站，以及长度为40.7km的交直流混合输电线路。该工程建成后将南澳岛上风场发出的电能大量外送，不仅实现了地区内电源与负荷的均衡，还带来了相当可观的经济效益。

（4）增强系统的稳定性。柔性直流输电系统因具有提供无功功率、隔离故障等作用，在被用作输电线路的同时，常常还被用来增强系统的稳定性。当互联的系统有一部分发生故障时，柔性直流系统可以迅速将该部分进行隔离，从而保证另一部分的正常运行；当系统发生电压波动时，柔性直流系统可以发挥静止无功补偿器的作用，向系统提供无功补偿以支撑电压。另外，当系统发生大停电时，柔性直流输电还可以带动系统的自启动，使系统尽快恢复供电。

2002年在美国投运的Cross Sound Cable工程，就在新英格兰与纽约电网的稳定性中起着非常重要的作用。在2003年北美大停电中，在新英格兰电网停电后，该系统提供了带动电网恢复供电的黑启动能力，使得该地区的电网能够先于其他地区恢复供电，减少了经济损失。投运十几年来，该柔性直流系统在电力互送以及维护区域电网稳定性等方面，发挥着重要的作用。

2014年在中国舟山投运的浙江舟山±200kV五端柔性直流输电科技示范工程，就在一定程度上起到了稳定舟山电力系统的作用。该工程是世界上第一个五端直流输电系统，包括五个换流站。整个系统能够按照需求控制潮流流向，对整个舟山系统的稳定有着重要的意义。

尽管柔性直流输电已经在电力系统中扮演着非常重要的角色，但随着全球能源互联网的构建进度不断加快，对电网智能化要求的不断提高，将来对柔性直流输电的需求必将越来越大。

由于一些技术问题尚未解决，柔性直流输电技术难以实现快速发展，但是诸如直流设备的研发、器件击穿电压的提升以及电缆性能的增强这些技术的不断突破，必将使柔性直流输电技术不断进步，用途越来越广。未来，柔性直流输电技术将会在以下方面持续进行攻关。

（1）将柔性直流输电的输送电压不断提升。输送电压低是柔性直流输电不能进行远距离大容量输电的主要原因。目前制约着柔性直流输电电压提升的原因主要在两方面：第一是IGBT的击穿电压有限，使得柔性直流输电的电压只能受制于IGBT的击穿电压；第二是相关装备的发展跟不上，如高压直流断路器等设备的研发迟缓，导致系统无法对高压柔性直流输电直接进行控制。未来为了提高柔性直流输电的输送电压，将采用新工艺以提升IGBT的击穿电压，或者采用新型换流方式，使其电压不受约束；对于高压直流设备的研发，在未来也必将取得重大突破，从而大幅提升柔性直流输电的输送电压。目前柔性直流输电电压已经可以做到±500kV，位于中国张家口的张北±500kV柔性直流输电工程即将开始建设。

（2）将柔性直流输电的造价不断降低。目前来看，同等电压等级的柔性直流系统与传统直流系统及交流系统相比，造价要高很多。将来会在降低柔性直流输电的造价方面取得重大突破。一方面，柔性直流输电设备的生产将采用更先进的工艺，节约成本；另一方面，目前正在积极寻找新型材料在柔性直流输电系统中进行替代，依赖于新技术的进步，柔性直流输电系统的造价必将不断降低。

（3）大力发展电缆技术，从而助力柔性直流输电技术性能的提升。电缆的输送电流有限，这是制约着柔性直流输电技术提升输电容量和输送距离的关键原因。当前对先进电缆、高压电缆和智能电缆的研发已经成为热点，国内 ±500kV的海底电缆正在进行试验，即将实现国产化。随着技术和工艺的提升，电缆的性能必将不断提升，造价也将大幅降低。

柔性直流输电技术正是因为具有如此优越的性能，才会在发展至今的短短数十年间在电力系统中占据重要的位置。随着全球能源互联网构建进程的加快，柔性直流输电在电力系统中的作用将越来越重要。目前正在规划建设的法国电网与英国电网的互联工程，以及法国电网和西班牙电网的互联工程，都采用了柔性直流输电技术，美国、德国等发达国家也有多项柔性直流输电工程在建。未来，在全球能源互联网的快速发展中，电网延伸到世界各地，面对各种气候、环境和地形，势必会遇到很多极端和恶劣的情况，因此，柔性直流输电技术必将是一项无法替代的技术。

二、特高压技术

1 特高压与坚强电网

2012年7月30日和7月31日，印度发生了两次大停电事故，印度北部电网、东部电网和东北部电网相继陷入瘫痪，6亿人口受到了大停电事故的影响。受波及地区工业生产被迫中断，交通拥堵严重，金融系统无法运转，供水系统陷入瘫痪，直接和间接的经济损失难以计数。而停电的时间正好是夏季气温最高的时候，最高温度在40℃以上，大规模的停水停电严重影响了印度人民的正常生活，人们甚至走上街头进行抗议，对社会稳定产生了极大的影响。

事故发生后，印度国家电网公司及世界各国电力公司立即对大停电的原因展开了深入的调查和分析。经过数月的调查研究，专家们认为，导致印度大停电的原因，除了电源建设速度严重滞后、电网结构和调度规划不合理外，还有一个重要的方面，即印度的电网过于脆弱，区域电网分散，抗故障能力差，主干网的电压等级只有400kV，难以适应印度电网的输电容量和输电距离。

大停电事故给印度带来了巨大的损失

这次大停电事故后，印度对电网建设进行了重新规划。除了保证电源建设、对电网进行合理规划外，提高主干网电压等级、扩大电网规模，也是提升电网稳定性、防止类似事故发生的重要措施。时任印度总理辛格表示，印度将建设更高电压等级的输电线路作为印度电网主干网，并推进全国联网，将印度国内的五大电网进行互联。2015年底印度的首条±800kV特高压线路投入运行，该线路长度为1728km，输电容量为6000MW，极大地提升了印度电网的输电能力，目前，印度电网还有两条特高压线路在规划中。

20世纪70年代，随着苏联经济的快速发展，对于远距离、大容量输电的需求变得非常迫切。在这样的形势下，苏联对电压等级更高，输电能力更强的特高压技术展开了研究，并根据其研究成果，建成了多条特高压线路并成功运行多年。

1985年，苏联建成了连接埃基巴斯图兹升压站和科克切塔夫新建变电站的1150kV特高压交流输电线路，该线路输电距离为497km，最高电压等级为1200kV，将苏联东部大型发电厂埃基巴斯图兹电厂生产的电能输送到苏联西部欧洲部分的发达地区，满足了欧洲部分的用电需求，极大地缓解了苏联能源和负荷分布不均的状况。值得一提的是，埃基巴斯图兹—科克切塔夫工程到目前为止仍然是电压等级最高的交流输电线路。随后，苏联于

1988年先后完成了输电距离约410km的1150kV科克切塔夫—库斯塔奈工程，和输电距离约为328km的1150kV库斯塔奈—恰尔连滨斯工程。这些特高压工程使苏联电网得到了极大的优化，缓解了苏联电力能源的供需矛盾，为苏联工业的高速发展提供了坚强的后盾。后来，东欧剧变，苏联解体，一方面因政治原因导致跨国特高压工程运行调控困难，另一方面解体后原苏联各国经济萎靡，用电需求逐渐减小，苏联特高压于1992年被迫降压运行。尽管如此，苏联特高压工程的成功运行论证了特高压技术的可行性，也为世界各国后续特高压工程的建设及运维积累了宝贵的经验。

当时地域辽阔的苏联拥有世界上最早、电压等级最高的特高压工程

日本目前也拥有一条可以运行在1000kV电压等级的长度约为427km的特高压交流输电线路和一个特高压变电站，但因2011年福岛核泄漏，日本放缓了核电建设，使得电力送出需求减小。该条线路目前正以500kV的电压等级运行。但该工程也进一步论证了特高压技术的可行性，为特高压的建设积累了宝贵的经验。

目前，巴西正在建设±800kV美丽山直流特高压送出工程，美丽山电站是巴西第二大水电站，装机容量为1100kW，其建成投运后将极大地满足巴西国内的用电需求，缓解能源危机。巴西美丽山直流特高压送出工程建设完成后，会将巴西西北部的电能输送到东南部的发达城市，实现电力能源的合理调配。

中国地域辽阔，能源中心主要在西部地区，而经济发达城市大都集中在东部沿海地区。在2009年之前，中国电网以区域划分，抵抗大的故障和干扰的能力和跨区域电能调配的能力还不是很强。为解决这些问题，中国于21世纪初开始研究特高压技术，从2009年第一条1000kV晋东南—南阳—荆门特高示范工程开始，到2017年6月22日800kV酒泉—湖南特高压投运，中国已经有18条特高压线路运行（其中8条交流线路、10条直流线路），5条在建（其中4条交流线路、1条直流线路）。这些特高压输电线路实现了远距离输电，将中国的区域电网进行了互联，打造了坚强电网，提升了中国电网的安全性和可靠性。

除此之外，美国、意大利等国家也通过试验工程的形式论证了特高压工程的可行性。

特高压输电是实现跨区域联网和远距离输电的重要技术，对于全球能源互联网的构建具有极其重要的意义。以特高压直流作为远距离输电的通道，以特高压交流作为主干网网架，并辅助进行远距离输电，在中国已经成功应用，并论证了其可行性、合理性与经济性。目前印度也在采用特高压技术构建全国联网工程，在全球能源互联网的建设过程中，特高压技术将作为最关键的技术，实现全球能源的互联互通、互通有无。

2 特高压交流输电技术

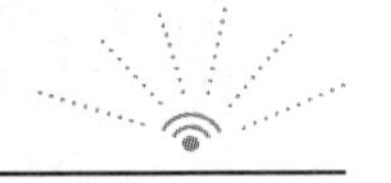

特高压技术分为直流特高压技术和交流特高压技术。国际上交流特高压额定电压等级一般选用1000kV或1150kV，直流特高压电压等级一般选用联网工程±750kV、±800kV和±1100kV，具体的电压等级选取应参照建设地区的电网容量、输送需求、设备研发能力和工程经济性等多方面因素，不同的电网条件和需求将适配不同的电压等级。因此在全世界的特高压工程实践中，会出现电压等级较为接近但并不完全相同的特高压工程，例如苏联的交流特高压电压等级为1150kV，中国交流特高压的电压等级则为1000kV。苏联对于直流特高压的研发电压等级在±750kV，中国、印度和巴西所拥有的特高压直流输电工程电压等级为±800kV，目前中国已建成±1100kV的特高压直流工程。

20世纪90年代，日本为了向东京电网输送核能，建设了400km以上1000kV特高压交流输电线路，尽管因为日本经济发展速度放缓，核电站建设脚步放慢，导致日本的特高压输电线路被降压运行，但是日本在建设特高压交流线路前已经做了大量的论证，证实了交流特高压输电技术在远距离、大容量输电方面的可行性和经济性。

21世纪初，中国经济得到了迅猛的发展，用电量也不断提升，大容量的发电机组以及高电压等级、大容量的输变电工程快速上马。而中国电网的格局是按区域划分的，拥有东北、华北、华中、西北等几个区域电网，以500kV输电线路作为电网网架。随着用电量不断增大，经济发达、用电量较多的华北、华中电网中出现了短路电流接近原有开关开断能力的问题，威胁着电网的稳定性和安全性；随着中国“西电东送”战略的实施和新能源发电的大规模上马，中国500kV主干网架也暴露出了远距离输电能力不足、接入新能源能力差等问题；另外，输电走廊也变得日益紧张，给大规模新建输变电工程带来了阻力。面对这些问题，中国展开了电网的全面优化，采用1000kV特高压交流系统代替500kV交流输电线路作为国家主干网网架；将区域电网进行互联，使区域电网间能够互联互通，同时也使电网调度更加灵活，实现了能源的跨区域配置，保障了电网的稳定性和安全性，为中国经济的快速发展提供了坚实的保障。

贯穿全国的特高压交流线路，已成为中国坚强电网的骨干网架

在中国，交流特高压技术是指电压等级在1000kV的交流输电技术。交流特高压的功能主要有两个方面，一方面是可以用于远距离输电，实现电能的跨区域输送和调配，另一方面是可以作为电网主干网架，增强电网的稳定性和安全性。与当前世界运用广泛的500kV及更低电压等级的输电技术相比，交流特高压技术拥有如下优势。

（1）输送距离更远。考虑到电网稳定性的原因，500kV交流输电系统的输电距离不能超过1000km，这对于远离用电负荷中心的风能和光照资源最丰富的北极及赤道地区是远远不够的，甚至都不能满足中国西部能源基地向东部沿海发达负荷中心地区送电的距离要求。而特高压交流输电技术可以在保证电力系统稳定的基础上，实现2000km的输电距离，满足远距离的送电要求。

（2）输送容量更大。1000kV特高压交流输电系统相比于500kV交流输电系统，不仅输送距离远，其输电能力是500kV输电系统的5倍，这不仅极大地满足了负荷增长、远距离送电的需求，还节省了电网建设成本，带来了极大的经济效益。

（3）损耗更低。根据电工学的理论，当输送同样容量的电能时，电压等级越高则损耗越低。而特高压输电线路采用粗导线，使得线路阻抗更小，进一步减小了损耗。有学者对1000kV和500kV的输电损耗进行了比较，结果证明，远距离、大容量的1000kV特高压输电技术拥有成本低、损耗小的优势。

（4）占地更省。相比于500kV输电系统，在输送同样电能的情况下，1000kV特高压输电系统对于走廊的需求相对较少。在全球经济正在高速发展的今天，各行各业都在突飞猛进，土地资源已经变得非常稀缺，获取输电廊道已经不再像过去那样容易，因此发展1000kV特高压输电技术，一方面可以节约土地资源，另一方面也减轻了输变电工程的征地负担。

特高压交流输电技术更加适用于远距离、大容量输电以及跨区域、大规模的电网中。在电力行业发展的初期阶段，区域电网和国家层面的电网还没有形成的时候，低电压等级的输电系统尚能够满足要求，但是在当前构建国家层面乃至全球能源互联网的进程中，发展交流特高压输电技术的必要性就日渐凸显，主要体现在如下几个方面。

（1）采用特高压交流输电系统联网是实现区域、国家联网的重要方式。当前在中国、美国、印度等国家，大型的区域电网已经形成，而这些大型电网的互联是构建全球能源互联网的关键步骤，特高压交流输电技术作为主干网架，可以实现大型电网的稳定互联，并且在电网稳定性中发挥重要作用，因而特高压交流输电技术在全球能源互联网的构建过程中必不可少。目前中国正在进行电网的优化和升级，已经建成8条特高压交流输电线路。

（2）特高压交流输电系统是实现远距离送电的重要通道。尽管在远距离输电方面，直流输电技术有着种种优势，但是直流输电必须采用点对点传输的方式，如果在几千公里的输电线路的中途有汇入或输出电能的需求，直流输电技术是做不到的，必须采用交流技术。因此，尽管特高压直流输电技术在远距离输电中拥有种种优势，但是究竟利用哪种方式进行大规模的电能送出，还要根据具体电网的特点和需求进行选择。例如晋东南—南阳—荆门特高压输电工程，中国就采用1000kV特高压交流输电的方式，将煤炭基地山西省的火电输送到华中缺电地区；而对于水电送出的情况，中国则采用特高压直流技术将向家坝水电站发出的电能送到上海。

（3）特高压交流输电系统在提高电网稳定性，优化电网结构方面有着重要作用。未来的电网一定是交直流混合电网，直流输电技术在远距离输电方面具有优势，但是其对于交流电网的稳定性要求非常高，采用特高压交流输电技术对区域电网进行互联，形成稳定性、安全性极强的“坚强电网”，能够保证直流输电系统发挥其最大的输电能力，并保证整个系统的稳定和安全；另外，通过特高压交流输电系统将区域电网互联，实现跨区域电能的调度，将能源富余区域的电能传输到能源紧缺区域，将电能进行合理利用，减少了全网的电源容量的规划，提高了电网运营的经济性，提升了整个电力行业的生产效率。

在全球能源互联网的构建过程中，特高压交流输电技术是不可缺少的。特高压交流输电技术已经在俄罗斯、日本和中国等国家有了成功的实践。借助这些实践成果和经验，特高压交流输电技术将日益成熟和完善，在全球能源互联网中发挥更加重要的作用。

3 特高压直流输电技术

尽管当前世界电网中，交流电网占了90%以上，但是随着对远距离输电的迫切需求，人们对于直流输电技术的研究一直在进行，并且在20世纪

末与21世纪初完成了±125kV、±250kV、±500kV和±660kV等电压等级的多条直流输变电工程的建设。直流输电系统的主要作用是实现异步电网互联或满足远距离输电的需要，比如日本新信浓背靠背直流工程的建设，对东部和西部两个不同频率的电网进行了互联。

尽管直流输电系统有着异步电网互联的作用，但是其最明显的优势还是体现在远距离输电上。例如巴西采用±400kV的高压直流输电系统将伊泰普水电站的电能输送至经济发达地区，中国内蒙古的煤电则采用±660kV输电线路将电能送至东部沿海的经济发达地区山东省。但随着经济发展速度加快，用电量的不断提升，负荷中心远离能源中心的矛盾进一步加剧，电压等级在±500kV左右的高压直流输电系统已经难以满足大规模、远距离输电的需求。这一矛盾20世纪末已经体现。21世纪初，中国经过长期的研究和论证，开始着手建设特高压直流输电工程，以满足远距离、大规模输送电能的需要。

特高压直流输电技术是指电压等级在±800kV及以上的直流输电技术，当前中国已经完成10条特高压直流输电线路的建设，其中最高电压等级为±1100kV，印度和巴西也已经完成1条电压等级为±800kV特高压直流输电工程的建设。特高压直流输电工程大多建设在地域辽阔的国家，实现电能的远距离传输，缓解该地区能源中心远离负荷中心的情况。

超大型能源中心的电能送出，需要依赖特高压直流技术

从全球能源分布来看，太阳能主要分布在纬度较低的赤道地区，而风能则主要分布在纬度较高的北极等地区，这些能源主要的集中区域很少有发达城市、地区或人口集中地，发达的城市、地区和人口集中地则主要在纬度不高不低、环境适宜的地区，因此，将那些低纬度和高纬度的环境恶劣地区的能源转化成为电能，输送到发达的城市、地区以及人口集中地，是解决当前能源问题的重要途径，也是全球能源互联网建设的重要使命。在这些动辄几千公里的电能传输中，特高压直流输电技术将扮演重要角色。

相比于 ±500kV 及以下的直流输电技术，特高压直流输电技术更加适合全球能源互联网构建中的远距离输电，主要原因如下。

（1）特高压直流输电技术输电距离更远，输送容量更大。当前应用较为广泛的 ±500kV 输电系统，其输送距离在800km左右，输送容量在3000MW左右，已经难以满足大容量远距离的送电需求，如中国三峡—广东 ±500kV 直流输电工程输电距离859km，输送容量3000MW；而 ±800kV 直流输电工程输电距离在2000km以上，输送容量在8000MW左右，如天水—中州 ±800kV 直流输电工程输电距离2192km，输送容量为8000MW。可见，相比于目前应用较为广泛的 ±500kV 直流输电技术，特高压直流输电技术在输电距离和输送容量上都有着很大的优势，更加适合全球能源互联网构建过程中的跨区域、跨国家甚至跨洲的大规模电能输送。

特高压中州换流站，换流容量达8000MW

（2）特高压直流输电技术损耗更低。特高压直流输电技术比传统的直流输电技术电压等级更高，且选用了横截面较大的导线，从而降低了输电线路的阻抗，因此，输送相同容量的电能，特高压直流输电技术的损耗被进一步降低，其经济性更加明显，在长时间输送大容量电能中节约的电能损耗是非常可观的。

相比于特高压交流输电技术，特高压直流输电技术又拥有如下优势。

（1）不存在同步问题。同样适用于远距离输电和区域电网互联，为保证交流电网稳定性，特高压交流输电技术要求始端和末端的电网须保持同步，而特高压直流输电技术则无此要求，特高压直流输电技术可以实现两个异步电网间的电能互换。

（2）节约走廊。因特高压交流输电线路需要三回输电线路，而特高压直流输电线路只需要两回输电线路，同电压等级的直流输电线路比交流输电系统输电能力强，因此，在输送相同容量电能的情况下，特高压直流输电系统比特高压交流输电系统更加节约走廊占地。

特高压直流线路的两回输电线路更加节约输电走廊

特高压直流输电技术在远距离输电方面有着不可比拟的优势，目前在中国、印度和巴西已经获得了成功的应用，已经为这些国家实现了不可计数的大规模电能调配。未来全球的能源调配和输送，将成为特高压直流技术的重要功能。

4 特高压交直流混合电网

特高压交流技术和特高压直流技术在实际应用中各自侧重的方面不同，也起着不同的作用，尽管都可以进行远距离输电，但两种技术之间是不能相互替代的，只能互相补充。因此，在未来的全球能源互联网中，特高压交流和特高压直流一定是同时存在、相互支持的。

为实现电网升级和远距离输电，究竟要采用特高压交流技术还是特高压直流技术，需要根据工程建设地区的电网实际情况进行综合考虑，特高压直流输电技术在远距离输电方面更加具有优势，但是特高压直流技术必须采用点对点传输方式，难以设置中间点进行电能的汇入或分配。如果输电线路途经多个电能富余省份或者电能短缺的地区，那么采用特高压直流技术将难以实现对沿途地区电能的消纳和补充。在这种情况下，如采用特高压交流技术，则可以通过设置变电站或开关站的方式对沿途地区的电能进行消纳和补充。

特高压直流输电技术可以实现异步联网，但是不能增强电网的稳定性。特高压直流技术对于两端电网的交流运行频率没有要求，可以实现交流电网的异步互联，但是互联后的交流电网实际上被分隔开来，直流通道只能完成电网间的电能交换，被联结的电网不能相互支撑。而采用特高压交流技术将500kV及以上电压等级的区域电网互联，实际上形成了更大的电网，其稳定性和抗干扰能力比500kV孤立电网更强。另外，特高压直流技术要求受端逆变侧为强电网，特高压交流技术正好可以将受端电网进行联结，形成强受端电网。因此，特高压直流技术与特高压交流技术是相互补充和支持的，特高压直流技术极大地提升了电网的跨区域调度能力，特高压交流技术增强了电网的稳定性，保证了特高压直流技术充分发挥其远距离大容量送电功能。

另外，特高压直流输电技术传输损耗低，但在电能转换和传输的过程中会吸收较多无功功率，产生较多谐波干扰。因而，在建设特高压直流输电线路时，需要配备无功补偿设备和滤波装置，使得工程造价被迫提升。

考虑到两种特高压技术的所长和所短，特高压直流输电技术和特高压交流输电技术应该互相配合、相互补充。根据特定电网的特点和需求，合理地规划特高压技术的建设，对于全球能源互联网的构建有着极其重要的意义。

特高压技术对于能源互联网的构建有极其重要的意义

一方面，利用特高压交流电网作为主网网架，提升电网的稳定性和抗干扰能力，利用特高压直流电网作为远距离送电的通道，实现能源的跨区域调配；另一方面，特高压交流技术将电网优化升级，为特高压直流输电系统提供强电网受端，提升输电的稳定性和效率。中国在“西电东送”战略的实施过程中，曾出现过多条直流线路汇入华东电网的情况，当时华东电网以500kV输电线路为网架，系统并不强，在这种情况下，任何一条直流线路发生换相失败，将导致其他直流线路发生连锁换相失败，引起严重的电力系统安全问题。为解决这一问题，中国采用1000kV特高压技术将华东电网进行升级，保障了直流输电的稳定性。

大电网的同步异步联结以及远距离、跨区域的送电是全球能源互联网构建的关键步骤，特高压技术为其提供了解决方案。目前中国通过1000kV特高压交流技术和±800kV、±1100kV特高压直流技术的配合应用，已经实现了全国主要地区的电网升级和功能提升，解决了中国能源中心远离负荷中心的问题，也为未来中国经济的快速发展提供了可靠保障。通过全球能源互联网实现全球能源的统一调配，将为未来世界和平与发展奠定重要基础，特高压技术作为实现能源互通有无的关键手段，在全球能源互联网中将扮演着不可或缺的角色。

三、超导输电技术

1 超导输电技术的原理及应用

在电力输送中，一定会产生电能损耗，电能损耗使电能以线路或电力设备发热的形式消耗掉，使电能接收端获得了更少的电能，实际上是一种经济损失。线损率是衡量输电效率的重要指标，表征了在输电过程中损耗的电能占传输电能的比例，美国和中国的线损率为6%左右，日本的线损率为4.6%，印度、巴西等国的线损率较高，可达10%以上，可见电能损耗在输电过程中占有相当大的比例。因此，电力工作者一直在致力于将电能输送过程中的损耗降到最低，以减少经济损失。

在电工学理论中，输电线路的电能损耗与线路中的电流和线路阻抗有关，所以降低输电线路电能损耗一般从两个方面入手，即减小线路中的输送电流和降低线路阻抗。当前比较成熟的特高压技术就是通过降低输电系统电流的方法降低损耗；另外一种思路是通过减小线路的阻抗减小电能损耗，电工学理论中输电线路的阻抗与线路长度、横截面积和阻抗率有关，而一旦线路完成规划，输电线路的长度就很难发生很大的改变，工程实践中通过采用大截面导线和分裂导线的方式降低线路阻抗也非常常见。如果要改变输电线路的阻抗率，只能通过导线材料的更新换代得以实现。当前输电线路多以电阻率较小、价格较低的铜和铝作为传导介质，阻抗率都是一定的，如果要通过降低输电线路的阻抗率来降低输电线路等值阻抗，就必须寻找新型材料作为电能传输的介质。

超导输电技术就是以更换电阻率更小的新材料的方式降低输电线路的等值阻抗，从而减小电能输送的损耗。

超导输电技术是基于超导材料研究的突破而迅速发展的。超导材料是指在特定条件下可以高密度传输电荷，等效电阻近似为零的材料。超导输电技术就是采用超导材料作为输电介质，并通过技术手段使超导材料处在电阻接

降低线路损耗是提升输电经济性的重要方法

近零的超导状态下进行输电，从而降低线路损耗，提升电能输送经济性。当前比较流行的超导材料载流量可以达到铜和铝的数百倍，在直流输电中可以实现无损耗运行，在交流输电中存在较小的电力损耗。实际上，不论对于直流输电还是交流输电，一旦线路阻抗降低到可以忽略，稳定性、电磁干扰、损耗等问题都将迎刃而解。

超导输电技术的迅猛发展，是以超导材料科学的突破为基础的。当前比较流行的超导材料主要包括Y系（YBCO）超导材料、MgB_2和铁基超导材料，过去曾经采用B系（Bi）超导材料作为超导输电技术的传输介质，但实践中因造价太高，所以当前超导输电工程已经很少再采用B系材料。目前高温超导输电技术是最热门的超导技术研究方向，Y系材料、MgB_2以及YBCO等材料可以在高温的条件下实现超导状态，并可以根据温度的变化表现出不同的电阻特性。高温超导技术利用超导材料的这些特性，实现对线路阻抗的控制。

在电力工业发展的过程中，交流输电一直是主流输电技术。因此，对于超导输电技术的研究主要集中在超导交流输电，随着近些年直流技术的兴起，超导直流输电技术又成为当前超导输电技术的研究重点。尽管当前采用如铜、铝等传统材料进行电能传输的技术仍然为主流的电力传输方式，但是超导输电技术已经取得很多突破性进展，并有一批工程投入运行，正在从实验室、示范工程走向规模化应用。

美国是世界上最早开展超导输电技术研发的国家，早在1999年，美国南方电缆公司就已经实现了超导交流技术的应用。这家公司在总部大楼上布设了一条30m长、额定电压12.5kV、额定电流1.25kA的三相交流超导线路，并成功通电运行，成为世界上最早的高温超导输电技术的应用。直到今天，这条超导线路的载流能力仍然远高于传统输电电缆。尽管输电容量不大，但是这一项目验证了超导输电技术的可行性，也为后续高温超导工程的研究奠定了基础。随后丹麦、日本、中国等国家相继针对高温超导交流技术建设了一批示范工程，多年的运行经验表明，高温超导交流输电线路尽管存在工频损耗，但是与传统的输电方式相比，输电容量极大提升，输电损耗极大减少。

美国布鲁克海文实验室研制的超导材料，在特定条件下其电阻值近似为零

2011年在德国汉诺威，世界上第一个高温超导直流工程试验成功，在随后的几年中，安装在中国河南中孚铝冶炼厂的高温超导直流线路，韩国济州岛高温超导直流试验线路相继投入运行，表明高温超导直流技术已达到投入实际应用的条件。因直流输电技术在远距离输电等方面的巨大优势，而超导直流输电又极大提升了直流输电技术的经济性、稳定性和安全性，所以，当前超导直流技术已经成为研究热点。

2011年在德国曾召开针对高温超导直流输电技术的可行性研究讨论会，自此以后，世界范围内对高温超导直流输电技术的前景普遍看好，目前正在展开针对高温超导直流输电展开上千公里、吉瓦级别容量的研究，以期实现远距离输电、可再生能源送出等目标。未来一方面超导输电技术将会逐步完善和进步，另一方面全球能源互联网对于大容量、低损耗输电技术的需求不断增加，将会有越来越多的超导输电工程投入应用，以实现全球能源互联网的互联互通、清洁替代。

2 超导输电技术的特点

超导输电技术可以将线路等值阻抗降到很低，因此在输电过程中，特别是远距离、大容量输电过程中有着其他输电方式难以比拟的优势，主要表现在以下几个方面。

相比于传统输电方式，超导输电技术有着不可比拟的优势

（1）超导输电技术的传输容量大。传统的输电方式在设计中需考虑到线路材料耐热能力、线路稳定性等因素，因此在特定电压下对输送容量有着严

格的限制，而超导输电线路因等值阻抗非常小，线路的发热量极低，可以在传输容量极大的情况下，保证稳定性和发热量。研究表明，±800kV超导直流输电线路的传输容量是±800kV特高压传输容量的2～10倍。德国埃森市曾敷设10kV超导输电线路，其输送容量可达40MW以上，是同等电压等级铜芯电缆输送容量的6倍。

（2）超导输电技术的传输电压低。传统输电方式中为降低线路损耗，在进行远距离、大容量输电时必须要提高输送电压以降低损耗，而超导电缆因线路阻抗极小，所以无需为了降低线路损耗而过多地提升电压。低压运行的优点在于，对于变电设备及线路间的绝缘要求大大降低，降低了设备研发和线路建设成本。目前已投入运行的超导输电工程的电压等级普遍较低，最高电压等级为韩国济州岛智能电网示范区的超导直流线路，也只有138kV，但是线路的通流能力和输送容量都远大于传统的直流输电线路。

韩国济州岛智能电网示范园区内架设了世界电压等级最高的超导直流输电线路

（3）超导输电技术的线路损耗低。超导输电技术具有低阻抗的超导特性，在理想情况下，直流超导输电是没有损耗的，交流超导输电只存在极小的工频损耗。考虑到温度控制、材料特性等不可能完全达到理想化，实际工程中超导输电线路会存在高于计算值的电能损耗，但这部分损耗也是极小的，大容量输电的条件下可以忽略不计。中国河南中孚铝冶炼厂内，敷设了

10kV超导直流电缆，这段电缆与同电压等级的常规输电电缆相比，输电损耗降低了近70%。

（4）超导输电电缆的占地面积小。因超导电缆不需要通过增大横截面减小阻抗，所以通常超导电缆的横截面不需要做得很大。在敷设的过程中，超导电缆的电缆沟宽度也非常小，非常适合在当前土地资源紧张、征地困难的情况下应用。美国在纽约长岛架设的138kV超导电缆的电缆沟的宽度只有1m，而在传统输电系统中，35kV的电缆已经超过这个宽度。超导电缆占地面积小带来的另外一个优势在于，未来超导电缆可以与已有的传统输电电缆同一走廊架设，或利用拆除设施后的空间架设，不需要再进行征地。

（5）超导输电技术功率更易控制。在传统的交流和直流输电工程中，想要控制线路中功率的大小和流向（即潮流控制），是一件非常困难的事，但是为了电能的合理调配和使用，潮流控制又是一件非常有必要的事情。传统的输电方式在进行潮流控制时，线路阻抗是确定的，因而只能从系统的角度出发，通过调节电压、调节无功功率等方式实现潮流控制。而超导输电线路的阻抗是可控的，可以通过调节超导电缆的温度改变超导电缆电阻，从而实现潮流控制。

未来的用电需求将越来越大，电网规模也将越来越大，传统交流输电技术的可拓展性并不强，在电压等级确定的情况下，随着输电距离的增大，传输容量会减小，输电损耗会增大；而采用超导技术，传输容量和损耗不会随传输距离的增大而产生较大变化，因此在远期规划有扩展需求的系统里，采用超导技术将会使未来系统的扩展变得更易操作。全球能源互联网将延伸到世界各个区域，因此必须具有很强的拓展性，采用超导输电技术，将是增强其拓展能力的重要方法。

传统的直流输电技术尽管在远距离、大容量输电方面有着难以比拟的优势，但是其只能实现点对点的电能传输，无法实现传输路径中电能的汇入或送出；柔性直流输电尽管已经实现了多端运行以及灵活的潮流控制，但是因柔性直流关键器件IGBT击穿电压还不能做到很高，传输电压和输送容量都有着很大的限制。未来随着内陆不发达城市的崛起和先进电源技术的突破，电能在从能源中心到负荷中心的输送过程中，沿途一定会有电能汇入和送出的需求，超导输电技术则可以在大容量、远距离电能传输的同时，在传输路径的中间点进行电能的汇入和送出，使电能传送更加灵活和易于控制。

全球能源互联网需要具有极强的可拓展性

可再生能源的并网和消纳一直是困扰其快速发展的重要问题。风电、光伏等发电方式因其本身特点，多以分布式系统的方式存在，从全球范围来看，风光资源较为丰富的地区大多人口较少、工业欠发达，电力需求较小，难以实现就地消纳，所以要将富余电能接入电网。新能源发电多为间歇式发电、电能输出波动较大，如果不加控制地接入电网，将对电网稳定性产生较大影响，因此可再生能源的并网问题也一直制约着行业的发展。而超导输电技术的输电可控性，可以结合可再生能源发电的特点实现对入网电能的控制，减小新发电的间歇性和波动性对电网稳定性的影响，是解决可再生能源并网问题的有效方法。韩国济州岛利用一段80m的超导输电线路实现了可再生能源并网，保证了电能平稳持续地输出。

尽管超导输电技术有着不可比拟的优点，但是作为一种需要应用于实际的工程技术，造价过高是制约其发展的重要问题。超导材料本身价格较高，加之为达到超导状态需要保证超导电缆维持在一定温度，进一步增加了成本。早在二十世纪六七十年代就已经展开了对超导输电技术的研究，但到现在所建成的工程大多是试验工程，如果不能解决造价过高的问题，很难实现超导输电技术的大规模应用。

超导输电技术将助力可再生能源的送出和消纳

为解决造价过高的问题，研究人员正在从两个方面对超导输电技术进行优化。一方面应加强基础物理和化学的研究，降低超导材料的研发成本，寻找简单、易实现的温度控制方法，降低超导电缆的材料成本和使用成本；另一方面应优化超导电缆的生产工艺，通过科学、合理的方式降低超导电缆的生产成本。

3 超导输电技术的发展趋势

尽管当前造价过高导致超导输电技术并未大规模应用，但是其能够解决系统拓展、可再生能源并网等全球能源互联网中的诸多重要问题，未来必将是全球能源互联网的重要支撑技术。在韩国济州岛智能电网示范基地中的应用，已经验证了超导输电技术的可行性与诸多优势。随着多个研发和应用领域的不断突破，超导输电技术终将在全球能源互联网中发挥重要的作用。超导输电技术将来主要会在以下几个方面获得重要应用。

（1）超导输电技术将以超导能源传输管道的形式进行多能输送。超导电缆需要保持在特定温度以维持在超导态，而液氢、天然气等资源都有将自身温度维持在一定范围的特性。如果利用超导输电管道传送液氢、天然气等资源，则一方面可以实现这些资源的传输，另一方面又可以利用这些资源本身的特性保持超导输电电缆的温度，使其维持在超导状态。从全球范围来看，天然气资源丰富的区域往往也有丰富的风力资源和光照资源，负荷压力也不大，拥有能源外送的需求。如果这一构想能够实现，那么将来超导输电管道不仅仅是一条电力通道，还是一条综合能源传输管道。

（2）超导输电技术将用于可再生能源电力送出和并网。当前新能源电力送出的最优解决方案还是柔性直流输电，柔性直流技术本身构成元件的特点限制了其输送容量的扩大，而超导输电技术则可以实现可再生能源的大容量送出。因此，超导输电技术一旦实现规模化应用，将成为解决可再生能源并网和消纳的重要方法。

超导输电技术未来将成为多能输送通道

（3）超导输电技术的工程造价将会进一步降低，实现规模化应用。当前在世界范围内已经建成了数个超导输电工程，并成功投入运行。既然理论上超导输电技术有着巨大的优势，试验工程又验证了其可行性，接下来超导输电技术就应该具备在世界范围内大范围推广的条件。工程造价过高已成为制约超导输电技术的主要原因，因此，降低超导输电工程的造价，已经成为非常紧迫的问题，未来大量的科研力量将致力于降低超导输电技术的造价，推

广其实现规模化应用。

超导输电技术有助于输电线路阻抗的降低，不仅提升了输电的经济性，也使其在提升电网兼容性、稳定性方面有了巨大的优势。全球能源互联网实现多能调配与互联互通的功能，需要超导输电技术的支持。目前造价过高仍然是超导输电技术的重要瓶颈之一，但不难预测，全球能源互联网迫切的需求将推动对超导输电技术研究的进步，大幅降低工程造价，实现超导输电工程的大规模应用，使全球能源互联网更具兼容性和稳定性。

四、半波长交流输电技术

1 半波长交流输电技术的原理及应用

二十世纪三四十年代，苏联经济快速发展，为了克服能源中心和负荷中心距离较远的缺点，将哈萨克斯坦和西伯利亚富余的电能送往西部欧洲地区。苏联对远距离大容量的输电技术开展深入的研究，涌现出了很多对现代输电技术发展产生深远影响的成果，其中就包括半波长交流输电技术。半波长交流输电技术是20世纪40年代由苏联专家率先提出的，尽管当时并不具备建设半波长交流输电工程的技术条件，甚至现在都还没有半波长交流输电工程落地，但是半波长交流输电技术理论的提出以及半个世纪以来意大利、美国、巴西、中国等国家对半波长交流输电技术的不断深入研究和完善，对于今天迫切需要远距离、大容量输电技术的全球能源互联网来说，具有非常重要的意义。

半波长输电技术是利用在特定输电距离之下输电线路的优良特性提升电网输电性能的技术，即在输电距离达到工频半个波长时，理论上输电线路会出现输送容量极大、无功自补偿等特征，可以极大地减少输电线路造价，提升输变电工程的效益。半波长输电技术对于输电线路的距离有着极其严苛的要求，必须要在工频半个波长的输电距离之下才能体现出这种输电方式的优势。在中国、印度等国家电网频率为50Hz的情况下，输电距离需达到3000km左右，而在美国、日本等国家电网频率在60Hz的情况下，输电距离则需达到2500km左右。在过去世界各个国家、各个地区的电网相对独

广袤的西伯利亚地区是苏联的能源基地，为将这里的电能送出，
苏联曾对远距离大容量输电技术展开过深入研究

立，不存在远距离输电需求的情况下，半波长交流输电技术并不具备多大的吸引力，然而在构建全球能源互联网、实现全球电网互联互通的今天，半波长交流输电工程的建设就极其具有必要性。

实际上，不论是采用特高压的方式提升输电线路电压，还是利用超导材料构建超导输电线路减小线路电阻率，抑或是通过分裂导线、增大导线半径以减小导线阻抗，都是利用电工学的原理通过改变输电系统中的相关参数达到提升线路输电容量、减小线路损耗，从而提升输电经济性的目的，多年以来这些方法也提升了电力系统的运行效率。在过去经济发展程度相对不高时，能源环境问题还不明显，远距离输电需求不高，半波长输电技术并没有得到很大的关注，人们还是习惯采用提升电压或者减小线路电阻的方式来改变线路运行状况，并没有考虑过这种利用线路本身特性提高输电性能的方法，因此到目前为止，半波长输电还没有示范工程建成。目前世界范围内，电网有着不断扩大的趋势，长达数千公里的输电距离在现代电网中已经非常常见，而几千公里的输电线路电压已经非常高，线路阻抗也已经降到很低，利用过去常用的方式对远距离输电技术进行优化的空间已经不大，在这种情况下，半波长交流输电技术再次得到了关注。

在全球范围内，对于输送距离为3000km左右的输电线路需求比较大，诸如在中国、俄罗斯、印度、巴西等国家进行跨区域送电，中东和美洲地区的跨国联网等工程，都需要上千公里数量级的大型电网工程进行支撑。半波长输电技术也可以通过调频方法改变最优输送距离，满足全球能源互联网对于远距离、大容量跨区域送电和联网的需求。

2 半波长输电技术的特点

研究者发现，理论上，当电能输送距离达到工频半波长的时候，线路的传输功率可以达到无限大。在实际工程中，尽管无法实现无上限地传输电能，但是在接近理想条件的情况下，半波长输电技术还是展现出传统输电方式难以比拟的优势。

（1）半波长交流输电技术的输电能力强。有研究将半波长交流输电技术与目前已存在的输电能力最强的±800kV特高压直流输电技术的输电容量进行了对比，在2000km的输送距离上，特高压直流输电工程的额定输送功率为5GW，而半波长交流输电工程的单回输电功率就已达到8GW，与目前已建成的远距离输电工程相比，半波长交流输电技术的输电能力是非常有优势的。

（2）半波长交流输电技术的输电可靠性强。将半波长交流输电技术与±800kV特高压直流输电系统的可靠性做了对比，发现在大部分扰动和故障发生时，不论是线路本身运行状况还是对电网的影响，半波长交流输电技术的可靠性都优于特高压直流输电技术。

（3）半波长交流输电技术的经济性好。与±800kV特高压直流输电技术相比，半波长交流输电技术的建设成本较低，运维难度较低，电能输送能力较强，经济性要优于特高压直流输电技术。

（4）半波长交流输电技术无需设置无功补偿。半波长输电技术在满足半波长距离时，整条线路的无功功率能够自行达到平衡状态，线路电容发出的无功功率可以被线路电感所吸收。输电线路中的有功功率与电压有关，因此自平衡的特性又使半波长交流输电线路的首末端电压有着极强的稳定性。如果不设置无功补偿，则不需要在中间点增加无功补偿开关站，又进一步降低了建设和运维成本。

半波长输电技术在经济性、可靠性等方面有着不可比拟的优势

（5）降低了设备制造的难度。采用传统的输电方式，输电线路传输电能的容量是有限制的，如果提升输电线路的输电容量，则需要提升输电线路的电压等级。世界上很多国家在提升电网的电能输送能力时，都采用提升电网电压的方法。但是电网电压等级提升后，电网内的电气设备的绝缘水平等参数也需要提升才能适用于新电网，因此需要设备制造水平的升级。半波长输电技术在提升输电容量的同时并没有对电压等级提出要求，甚至可以将原来已经存在的线路，在电压等级不变的情况下改造为半波长交流输电线路，这极大地削减了设备研发成本。

半波长输电技术目前虽然只停留在理论研究层面，但是其在远距离大容量输电中存在的诸多优势，将使其在全球能源互联网的构建中起到至关重要的作用。虽然目前尚未有实际工程落地，但是在技术成熟后必然会进行规模化建设。在半波长输电技术进行大规模推进的过程中，需要首先解决下面几个问题。

（1）半波长输电技术只能实现点对点的传输和联结。不能设置中间变电站，在中间点难以实现电能的送出或汇入。这是与传统直流输电技术一样的问题，在全球能源互联网的覆盖范围内，远距离输电线路必然会经过发达地区或者能源富余地区，因此中途点汇入和送出电能的能力是非常重要的，在此方面，半波长输电技术仍需改进。

（2）半波长输电技术对于频率稳定性要求较高。因为半波长输电技术要求输电距离为传输电能的半个波长，波长是与传输电能的实时频率相关的。当传输电能的频率发生变化时，半波长的长度也会发生变化，但是半波长输电线路的距离一旦确定就不能改变，在这种情况下，半波长输电的条件就被破坏，线路就有失稳的可能性。半波长输电线路传输的电能容量较大，一旦该线路失稳，将对始端和末端的电力系统产生很大的影响。因此，控制半波长输电线路的频率稳定性，对于半波长交流输电技术是至关重要的。

为解决上述问题，实现半波长输电技术的规模化应用，一些极具创造性的解决方案已经提出，这些方案的逐渐完善，将加速半波长输电工程的落地进展。

（1）采用调频或者补偿的方式，调整半波长输电技术的输电距离。因为半波长输电技术要求输电距离在2500km或者3000km左右，实际工程中很难正好满足要求，因而利用整流和逆变技术改变传输电能的波长，或者利用补偿技术改变半波长输电技术的等效传输距离，使传输的等效距离正好等于传输电能的波长，就是非常实用的办法。用这样的方法对半波长输电技术进行完善，半波长交流输电的距离就可长可短，更加实用。当前有学者提出，可以在半波长输电的首端和末端变电站分别安装调频装置，将电能的频率进行转化，使传输的电能的半波长变为传输距离，满足线路半波长输电的条件，发挥半波长线路的优势。电器补偿法则是不改变传输的电能的频率，通过在线路中加设电抗或者电容，使等效电气距离发生变化，等于传输电能的波长，从而实现半波长输电的条件。

全球能源互联网将是多种先进技术配合协调的现代化电网

（2）增设中间点。如前所述，半波长交流输电技术在中途难以设置落点，这对中途有电能送出或电能汇入需求的地区是非常不利的条件。目前还没有可行的方法为半波长输电技术设置中途点，但类比同样无法设置中途点的直流输电，采用交直流混合输电即可实现中间电能的汇入与送出，采用半波长输电与传统交流输电混合的方式，也成为解决半波长交流输电无法设置中途点问题的重要方法。

全球能源互联网对于远距离大容量输电的需求巨大，无论是已经大规模应用的特高压交直流技术和柔性直流技术，还是目前正在试验阶段的超导输电技术，抑或是还在理论研究中的半波长输电技术，都将成为全球能源调控的重要方法。根据不同区域的实际情况进行合理规划，采用多种先进输电技术构建全球电网网架，是全球能源互联网构建中最重要的步骤，未来的电网形态一定是多种输电方式配合、互相补充、多种先进技术互相协调的现代化电网。

第四章
先进配电技术

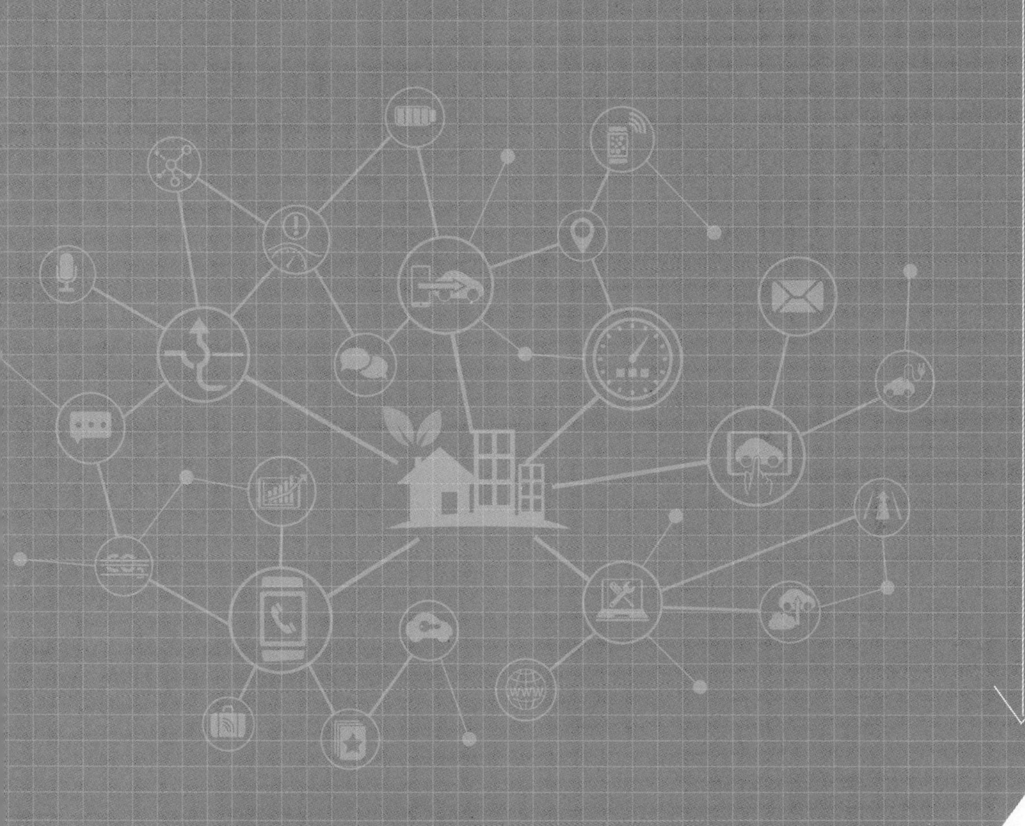

Chapter 4

一、分布式能源技术

1 分布式发电技术的应用

可再生能源技术因装机容量不大，所以常以两种方式进行并网。一种方式是大规模可再生能源发电机组集中式并入大电网，大电网对电能进行统一调配，在这种方式下，用电负荷所使用的清洁电能可能来自千里之外。中国的北部、西北部等都是大型可再生能源发电基地，这些大型基地产出的清洁电能被送到几千公里以外的东部沿海缺电地区。另一种方式是采用分布式发电方式，小规模的可再生能源发电系统发出的电能供给微电网或直接为附近的负荷供电，如果有电能盈余，再输送到电网统一调配。美国、欧洲等已经大规模开展分布式发展的应用。在可再生能源发电技术发展的初期，常采用集中式并网的方式对其加以利用，而在可再生能源技术较为成熟后，分布式发电技术就成为新的趋势。

全球能源互联网的实质是利用遍布全球的电网络对全球电能进行统一调控，对于集中式、大规模发电方式来说，有些弊端是难以克服的。一方面，当前在很多国家和地区，存在着由于地形环境等原因电网无法延伸到的区域；另一方面，目前还有一些人口稀少、经济不发达的地区，未来可能成为用电集中区，如果为了满足这些地区的需求，大规模地改造和新建输配电网络，在技术、资金和效益上是不可取的。在中国西藏、俄罗斯西伯利亚、巴西的亚马逊河流域等地，如果要实现电网的全境覆盖，所付出的成本是很大的。

分布式发电技术将成为集中式发电技术的重要补充

在配电网中，城市居民、商业用户以及农村和城镇区域的用电负荷都具有很大的随机波动性。家用空调随气温变化的无规律启停，降水降雪和大风的无常发生，以及其他不确定因素所引起的负荷变化给集中式电网的规划、设计和运行带来了巨大的难题和挑战。21世纪初，很多国家都出现了“电荒”的情况，这一方面跟电源规划跟不上经济发展有关，另一方面也是大型电网在用电高峰期对电能的调控能力不够灵活所致。在这种情况下，分布式发电系统可以作为集中式电网的重要补充。

国际能源署（IEA）将分布式发电系统定义为给用户就地提供产电或支持配电网连接到分布电压水平的服务。全球分布式能源协会在2004年的统计报告中指出分布式发电系统是在用户消费地点或附近产生电能和热能，由三个主要部分构成：一是高效率的热电联产；二是可再生能源系统；三是能源的循环系统。因此，分布式发电系统可以看成一种建立在用户负荷附近的能源系统，根据用户的需求，将多种能源转化为电、热、冷等多种形式的能源供用户使用。

分布式发电系统具有投资省、发电方式灵活、与环境兼容的优势。分布式发电系统与大电网系统联合运行的观点被业界很多专家提出，成为解决集中式电网问题的有效途径之一。分布式发电技术自1978年提出以来，已经在很多国家和地区获得了应用，实际工程证明，分布式发电技术能提升可再生能源的消纳，改进系统供电可靠性和电能质量，还能优化电网资源配置，提高电网资产的利用率，从而提高电力系统运行的灵活性、可靠性和安全性。全球能源互联网通过全球主干网络实现电能的快速调度、互联互通，而分布式发电则可以对大电网无法延伸到的区域进行补充。

2 分布式发电技术的原理及特点

分布式发电（Distributed Generation，DG），简而言之，就是在负荷中心或用户附近建设一个小型的发电站，装机容量一般在50MW以下。如果大电网的作用是实现电能的高效调配，那么分布式发电系统的作用就是尽可能对电能进行就地消纳。实际上这两者并不冲突，一方面，对于大电网无法延伸的地区，采用分布式发电供电更加高效，另一方面，当电网出现大面积停电事故时，分布式发电系统可以切换到孤岛模式，仍能保持正常运行，保证片区的供电可靠性。

当前分布式发电技术已经非常成熟，世界各国也对其有了相应的规划。美国积极建设区域能源站，分布式发电系统发展最快，政府计划至2020年，将有50%以上的新建办公或商用建筑采用冷热电联产供能模式；中国计划2030年分布式电源装机容量达5.05亿kW，英国的分布式能源站已超过1000座，根据Carbon Brief（“碳简报”网站）的初步统计数据，2017年英国低碳电源（核电、生物质、风电、光伏、水电）发电比例首次超过了50%，是工业革命以来英国最环保的一年，具有里程碑式的意义；丹麦是目前世界上分布式能源系统（Distributed Energy System，DES）推广力度最大的国家，热衷于热电联产方式，为超过65%的丹麦居民提供了社区电能和供热，分布式能源更是占其能源总量的一半。多年的工程运行经验表明，分布式发电系统具有先天的优势，不仅能源利用类型和供应渠道多元化，确保能源安全和缓解能源危机，而且因设备具有小型化、模块化的特点，无论是扩建改造，还是维修管理，调节都非常灵活，操作更为简单。

当前应用比较广泛的分布式发电技术主要有分布式光伏发电、分布式风力发电、分布式燃气发电等。

屋顶光伏已成为重要的发展趋势

光伏发电技术安全可靠，无噪声，无污染排放，而且可利用建筑屋面的优势，不受资源分布地域的限制，非常适合应用为分布式发电方式。分布式光伏发电也是当前应用最为广泛的分布式发电技术。分布式光伏发电的主要应用形式包括并网型分布式光伏发电系统、离网型分布式光伏发电系统及多能融合微型电网系统。

并网型分布式光伏发电多应用于用户附近，低压接入，减小了投资成本和设备占地面积。当负荷较小时，多余的太阳能电力反馈给电网，当负荷较大或发电电力不足时，可以从电网上购电。系统不设置蓄电池，无需对报废电池进行处理，避免了对环境的污染，降低了造价。并网型分布式光伏发电在欧美是非常常见的，一方面分布式电源成为了电网供电功能的重要补充，另一方面电网也为分布式电源提供了有力的支撑。

离网型分布式光伏发电多应用于边远地区和海岛地区，与大电网独立运行，直接发电或者利用储能系统向负荷供电，就地消纳。太平洋远离大陆的岛屿中有很大比例是无电地区，这些地区无法与大陆主干电网相连接，而敷设海底电缆为这些地区供电又是极其不划算的，离网型分布式光伏发电就可以解决这些地区的用电问题。从当前光伏发电的发展程度来看，离网型分布式光伏发电已经可以独立支撑小型岛屿的电力系统，但是如果要提供大规模的电能供应，还需要其他电源或者电网的支持。

分布式光伏系统还可以与其他发电方式组成多能融合微型电网系统，如水能、风能等，既可以独立运行，也可以并入大电网联网运行。多能互补是能源发展的重要趋势，每一种发电方式都有其优势和劣势，多能互补方式就是对各种发电方式进行充分利用，优势互补。中国目前已经建成风光储和风光热储工程，保证了可再生能源发电系统向电网和用户提供稳定、持续的电能。

目前分布式光伏发电已经广泛应用在屋顶光伏、离岸岛屿以及电网难以延伸到的偏远地区，解决了这些地区的居民用电问题，而且作为清洁可再生能源，为改善大气质量、调整能源结构提供绿色动力，有效地解决了能源和环境之间的矛盾。

分布式风力发电技术是对集中式风力发电技术的一种重要补充，在风力资源丰富的缺电地区，分布式风力发电技术是对大电网的重要补充。实际上跟分布式光伏发电一样，分布式风力发电技术也常常用于离网海岛，作为供电电源。目前风力发电技术更多的还是用在并网型分布式发电中，因为单台风机的装机容量相对较大，尽管可以作为电源为负荷或者微网供电，但是为保证其稳定性，还是需要电网的支持与牵制的。

分布式风力发电技术已经成为缺电地区重要的电源支撑技术

欧洲是非常适合发展分布式风力发电的地区，一方面其既靠近大洋又有内海，风力资源丰富，另一方面其电网较为分散，风力发电技术也较为先进。丹麦作为世界上最早应用风力发电的国家，无论在集中式发电还是分布式发电的应用上，都处于领先地位。目前法国、意大利、荷兰等国家也都建设了大量的分布式风力发电工程。当前在欧洲大陆上，分布式风力发电技术已经成为最重要的电源技术之一。

美国对于分布式风力发电有着力度极大的补贴政策，小于1MW的分布式风力发电工程将会越来越多，未来甚至将成为占比最大的发电方式。中国当前已经根据国情和具体情况对分布式风电技术展开了深入的调研，预计很快将会颁布专门针对分布式风电的政策，届时分布式风电技术在中国也将迎来快速发展期。

天然气作为一种清洁高效的低碳能源，环保经济、安全可靠，其燃烧时产生二氧化碳少，不会产生有害物质，采用天然气发电替代燃煤发电可大幅度减少二氧化碳和氮氧化物排放，成为能源供应清洁化的选择。近年来，一些发达国家大力开发、推广以天然气发电的供能系统来满足用户需求，从根本上改善环境质量。天然气分布式发电，不仅具有天然气发电良好的环保效益，还可以通过梯级利用实现能源利用的高效率，节省输配电投资，同时也是一种很好的负荷调峰手段，可实现电力负荷的削峰填谷。天然气分布式发电正成为发电行业新时代的宠儿，呈现蓬勃发展之势。

3 分布式发电的应用和发展趋势

当前分布式天然气发电技术在实际中的应用，主要还是集中在与其他发电方式的配合上。冷热电三联供（Combined Cooling，Heating&Power，CCHP）就是一种重要的分布式天然气发电应用方式。它主要是利用燃气轮机或燃气内燃机燃烧洁净的天然气发电，对做功后的余热进一步回收，用来制冷、制热和供应生活热水。简单地说，天然气分布式供能就是小型的天然气供能系统向用户独立地输出冷、热、电三种形式的能源，实现冷热电三联供的新型高效的能源利用方式。天然气分布式供能系统大多数情况都是就近供能，无需远距离高压输电，虽然也并网，但是并网的目的是调峰和应急。

在2001年美国加利福尼亚州电力危机和2003年美国、加拿大大停电之后，提高自身供能安全成为首要考虑的问题。欧美国家大力建设天然气分布式能源以获得比单独电网供电更高的安全性，其中荷兰有40%的电力来自天然气冷热电三联供系统。当前中国的分布式天然气发电方式主要也以CCHP系统为主，目前已建和在建的天然气分布式CCHP项目约50多个，装机总容量约6000MW。

集中式发电、分布式多能互补以及全球能源互联网的结合将保证能源供应覆盖全球

全球能源互联网能够接入大规模集中式的可再生能源，并将其远距离跨区域调动，而分布式发电技术则可以为局部缺电地区进行供电，保证电能能够到达全世界的各个角落。未来分布式发电技术和集中式发电技术相互结合、互相补充，结合先进的输电、配电和用电技术，将保证全球电能的供应更加安全可靠、覆盖地域更广、延伸范围更大，为未来全球各行业快速发展提供重要的动力。

二、微电网技术

1 微电网技术的应用

2017年，美国苹果公司新总部大楼——苹果飞船总部大楼竣工，这个号称世界最具可持续发展特征建筑，建筑面积高达26万m^2，是全球最大的建筑之一。这座巨型建筑的屋顶铺设了太阳能板，整体采用100%可再生能源提供动力，将“智能建筑系统”理念落地，通过智能系统可以自动调节室内温度、湿度和光照强度。通过智能控制，完全依靠调整窗户来调节室内的温度，整个大楼内部不需要使用空调的时间可长达9个月。据初步计算，大楼每年能够提供2000MW电力，当然苹果公司自身是无法消纳如此巨大的电能的，它已经向美国联邦能源监管委员会提出申请，向外部电网出售多余的电能。

苹果飞船总部大楼

苹果飞船总部大楼是一个典型的微电网系统。微电网系统可以定义为通过控制系统协调控制分布式能源、储能装置、负荷，形成单一可控“单元”

输出电能，直接供应用户。当微网系统可自给自足时，可以独立地“孤网运行”；当缺电时，通过接入大电网补充缺额；当发电量富余时，可以将富余的电能并入电网供其统一分配。

微电网就是微型电网，它是相对于大电网的一个概念。微电网是一个集发电、输变电、用电的完整电力系统。早在19世纪末期电气化的初始阶段，爱迪生就提出了小型直流电网的概念。现在的微电网就是爱迪生小型直流电网的2.0版本，拥有更为先进的电力电子和控制技术，更加可靠、灵活、高效、智能。

微电网由光伏、风力、柴油发电机、生物质能等分布式电源、储能装置、能量转换装置、电力负荷和监控保护装置组成，是一种局域性的能源网络，具备完整的发输配电功能，能够实现自我控制、保护和管理，可以与大电网并网运行，也可离网运行。因为是小范围的局域电网，所以微电网电力传输半径小，线损率非常低，配置相对灵活，运行方式也更方便。

微电网和分布式发电系统的本质区别就在于前者可控，后者不可控。微电网将大量不同种类的分布式能源系统进行集成，经过先进控制系统，单点接入电网，避免了多种分布式电源与电力系统直接连接造成对大电网的冲击，破解了分布式能源并网的难题。另外，微电网将分散的分布式电源进行了整合，能平抑波动，更加平滑地输出电能，保证电压和频率的稳定。分布式电源能更加灵活高效地应用，充分发挥分布式发电的优势，促进可再生能源分布式发电的发展。

微电网与分布式能源系统相辅相成，前者技术的提升代表了后者未来的发展趋势，可再生能源的未来发展意义非凡。

美国从1999年开始对微电网的结构、运行、控制、保护及经济等方面进行较为系统的研究，并于2002年率先提出了完善的微电网概念。美国当前拥有微电网实际工程200多个，占全球微电网数量的50%左右，是世界拥有微网工程最多的国家。欧洲2005年提出“Smart Power Networks”计划，确定了欧洲2020年及后续的电力发展目标，目前一批微电网示范工程已落地，如英国埃格岛微电网工程、希腊基斯诺斯岛微电网工程、荷兰Zutphen度假村微电网工程、德国曼海姆微电网工程、丹麦博恩霍尔姆岛微电网工程等。

2011年福岛地震和海啸导致的福岛核事故后，日本更是确定了新能源作为新的能源供给来源的重要地位，并加快了对微电网研究的脚步。为了提高电力系统抗灾能力和灾后应急供电能力，日本尝试建设了首个微电网社区——“防灾智能生态城”。这个社区住宅和公寓楼所需的电力供给全部来自分布式清洁能源，遇到电网突发事故时，社区仍能保证电能供应的可靠性，这个社区的成功运作为后续微电网发展和建设奠定了良好的基础。

极端天气严重破坏电力供应

中国在2008年冰灾后，开始了对电力的生产结构改革的重新思考，微电网项目建设被提升至国家层面。目前中国正在推动建设100座新能源示范城市，已建成的有金风科技全球总部智慧能源示范项目、江苏大丰风电产业园智慧能源项目、宁夏嘉泽智慧能源示范项目等。

微电网不仅可以提升可再生能源发电的稳定性，提高其渗透率，也是对于大电网的重要补充。全球能源互联网将利用微电网技术实现可再生能源的高渗透率，并且保障供电可靠性和安全性。在当前用电负荷多样、电网结构复杂的状况下，大电网与微电网互相补充、互相配合将是电网发展的重要趋势。

2 微电网技术的分类

微电网分为交流微电网、直流微电网和交直流混合微电网。当前大电网

控制灵活度不高、可再生能源消纳困难等问题，使人们开始寻求新的电网解决方案，因而微电网技术引起了人们的重视。

早期的微电网多为交流模式，交流微电网中的电源多以光伏电源逆变或柴油机直接发电获得，系统中有电源、负荷与相应的控制系统，使其能够安全稳定运行。交流微电网技术是较为成熟的技术，在电力电子技术未获得快速发展的过去，交流微电网一直是微电网的主流技术。随着电力电子技术的快速发展，直流微电网进入公众的视野，引起国内外广泛的关注。

与交流微电网相比，直流微电网有着很大的优势。一方面，微电网中的分布式能源大部分是以直流的形式发电，在交流微电网中，需经过交直流转化才能连接至交流母线。即使风机等发出的是交流电也要经过交流变直流，直流再转化为交流才能并网。直流微电网可以省掉逆变环节，降低能量消耗，成本更低、控制更简单，具有更高的能源转化效率，节能减排效果更显著。另一方面，储能设备可以不经逆变，直接输出直流电接入直流母线与微电网共同向负荷供电，提高了系统的可控性和可靠性。

但是与交流电相比，直流电没有过零点，开断较为困难，虽然有直流断路器投入使用，但就目前的发展程度而言，实现过程较为复杂、成本较高。

交直流混合微电网兼顾交流微电网和直流微电网的优点，可以接纳分布式电源和直流负荷，具有更高的效率和灵活性，有效提升城市配电系统的电能质量、可靠性与运行效率，大规模推广与发展交直流混合微电网是未来微电网发展的方向。

按照是否接入大电网，微电网可以分为并网型和离网型两类。并网型微电网是指与大电网并列运行的微网系统，其中的微电源在为微网系统供电的情况下，也与大电网有电能交换；离网型微电网是指微网断路器断开，独立运行的微电网，离网型微电网不会与大电网有电能交换，其安全稳定运行需要通过系统自身控制完成。

微电网具有“微型”的特点，因此相对于大电网而言，容量小，拓扑结构简单，惯性低，多模式兼容能力强，更加易于调控。在实际运行中，微电网单点接入的方式能够有效地减小可再生能源发电不稳定给电网带来的冲击，另外，微电网也有助于可再生能源的消纳。欧洲多年来的运行经验表明，微电网的应用已经有效地拉动可再生能源的消纳技术，并且可以维持电网的稳定性。在电网智能化程度较高的美国，微电网也成为保障重要区域供电安全性的重要方式。未来微电网将成为全球能源互联网的重要补充。

3 微电网技术的应用及发展前景

当前微电网已经在美国、欧洲等地成功运行多年，在中国也出现了多个示范工程。无论是在偏僻的地区、离岸的海岛，还是在成熟的城市社区和经济发达的工业区，以分布式能源供电的微电网越来越多，未来在亚太地区、非洲和南美的部署将迎来快速增长。现阶段，微电网示范工程大致可分为三类：边远地区微电网、海岛微电网和城市微电网。

在偏远地区建设微电网具有很强的实用意义和经济意义。当前世界上还存在很多缺电地区。在拉丁美洲的海地、巴西、秘鲁、墨西哥等国家的贫困地区拥有大量缺电人口；印度的电气化率也非常低，无电人口的数量达到了2.4亿；尼日利亚是非洲大陆天然气储量最丰富的国家，因缺乏电力生产和输送的基础设施落后而导致常年“电荒”；印度尼西亚、菲律宾等东南亚国家也都面临着局部地区用电紧张的问题。世界上很多贫困地区缺电的主要原因是电力传输设施落后，难以实现向贫困地区送电。

微电网是解决偏远地区用电问题的有效方法

微电网是解决上述贫困地区用电问题的有效方法，许多国家和地区已经推广发展独立供电系统，即以本地可再生能源为主、柴油发电机为备用的独立微电网为缺电人口供电。目前已有一些微电网工程落地，如塞内加尔Diakha Madina 微电网、摩洛哥Akkan微电网等，我国在新疆、西藏、青海、内蒙古等省份的边远地区也建设了一批微电网工程。

海岛用电一直是海岛国家需要解决的重要问题。日本由北海道、本州、四国、九州四大岛及7200多个小岛组成，因此也是拥有全球最多的海岛微电网的国家。因为极端天气和自然灾害频繁，2009年，日本政府在10个海岛上完成了海岛微电网示范工程的建设。2011年，日本由海啸引发了地震，造成了大范围停电。灾难后，日本更加重视可再生能源的利用和微电网的研究、建设，以降低极端恶劣天气造成的电力供应中断等负面影响及弥补核电站关停造成的电力缺口。

2008年，英国苏格兰的埃格岛建成世界上首个综合利用水电、风电和太阳能进行能源供给的离岛微电网，各类能源在不同季节、不同时段实现协同运行，物尽其用。该岛屿拥有丰富的能源，微电网系统通过有效的能量管理，实现多种能源互补利用，最大限度地实现经济性。水电、风电和光伏发电为其主要的发电模式。埃格岛位于大西洋海域，纬度较高，夏季阳光充足，光伏系统的利用率高，富余的可再生电力被储存到储能装置中，在春季天气不佳时，这些储存下来的电能可以为岛屿提供电力供应，当电力短缺时还可以启动备用柴油发电机进行发电。微电网大大提高了埃格岛居民的生活质量，之前该岛居民非常依赖柴油发电机，海岛运输柴油费用高，而且十分困难，即使付出了高昂的经济成本和污染环境的代价，全岛的电力供应也难以维持。微电网建成后，民宅和商铺的屋顶都铺满了光伏面板，85% ~ 95%的用电均来自可再生能源，满足当地居民日常生活的电力需求。埃格岛的海岛离网型微电网成为解决能源短缺的典范。

中国共有海岛1.1万余个，面积超过500m^{2}的就有7000多个，这些岛屿大多处于缺电的状态，而且仍依靠柴油发电来供给电能。建设海岛微电网，充分利用可再生分布式能源是解决中国海岛供电问题的关键所在。

尽管微电网在解决海岛用电过程中作用显著，但是可再生能源发电可靠性与天气状况息息相关，而海岛极端天气较多，季节性明显，生态环境脆弱。为保证供电可靠性和稳定性，海岛微电网技术还需要在实践中完善和提升。

离网型边远地区微电网和海岛微电网使很多无电地区可以用电，可灵活切换离网/并网模式的并网型微电网，也将走进城市社区、经济发达的工业区。并网型微电网可以在联网和独立运行两种模式间自由切换，保障城市和工业区的稳定运转，提高可再生能源利用率，提供多样性的供电可靠性服务，使城市能够更好地适应未来电网变化与挑战，对于可靠电网覆盖的地域可谓锦上添花。

2012年10月，飓风“桑迪”席卷美国东海岸并造成大面积断电，处于飓风登陆区域的美国最大的居民住宅——纽约联合公寓城（Co-Op City）、纽约大学和普林斯顿大学，依靠微电网持续供能，供能的安全性和不间断性得到了保障。他们配备了以天然气分布式能源为主的微电网，该微电网由燃气轮机、蒸汽轮机、大型热能储存以及控制系统组成，能够实现冷热电三联供。当飓风来袭，微电网迅速与大电网断开，进入独立运行状态，保证了市政电网断电期间用户的能源供应。

微电网将保障城市安全可靠供电

未来城市微电网将成为智能配电网的重要补充。并网运行状态将为电网带来更多的电源和负荷，离网运行状态则会在极端天气下保证重要负荷的用电，调节灵活、可靠性强等特点将使其成为保证电网安全与大城市可靠用电的重要手段。

智能微电网是当前微电网发展的热门方向，其本质就是智能电网和微电网的结合。微电网与能源管理系统并驾齐驱，整合多种分布式能源，扩大分布式电源大规模的接入，能够完成全自动化的电力传输方式，确保信息和能量的双向流动。智能微电网是可控制、可监测、可兼容、可诊断的，通过实时分析、用户侧互动、优化运行方式，可以满足用户对供电可靠性的个性化需求，实现有效的主动式配电网方式。

加拿大渥太华的亚岗昆学院建立起了“智能化”微电网，该系统拥有庞大的负荷数据库，利用负荷管理实时监测记录能源消耗，并进行远程控制，同时，通过预测校园的用电负荷，并结合能源市场的价格波动，计算综合成本调节供电比例。该系统每年为学院节省数百万美金，大幅度降低学校的用能成本，高效经济。

商业化将推动微电网更快地发展，采用什么商业模式是关键，开展售电业务并参与市场交易是当今微电网的一个重要模式。

微电网将成为大电网供电的重要补充

微电网凭借其清洁高效、灵活智能以及开放性、可控性和可靠性等优势，迅速在民用领域以及军事、航空等高尖端科技领域迅速发展。智能电网是全球能源互联网的基本单元，而微电网以及智能微电网是实现电网智能化控制的重要组成部分，微电网的发展将成为促进全球能源互联网快速构建的重要基础。未来在全球范围内，微电网将遍地开花，与大型电网项配合，保证全世界的稳定可靠供电。

三、储能技术

1 储能技术的应用

自电力能源出现到现在几百年的时间，电能都被认为是不可储存的能

源。多年以来，为保证电力系统的稳定，必须要实现发电和用电相协调，即发出的电能与消耗的电能相平衡。但是电力负荷是随时间不断变化的，特别是当前用电量越来越大，电力负荷越来越多，人们生产生活的用电量越来越难以准确预测，这就给发电侧带来很大的压力，如果发电和负荷不匹配，电网将存在着频率失稳的危险，甚至造成大停电事故。

当前可再生能源发电已经成为重要的发电方式，在全球电源中占比越来越高，但风力发电和光伏发电等可再生能源却存在发电功率不平稳的现象，无法保证电力系统的供电平稳，同时存在严重的弃风、弃光的现象，间歇性和波动性的能源并网给电网的安全控制埋下了隐患，给电网侧也带来了极大的压力。目前全球范围内发生的多起风电大规模脱网事故，都是由于风电出力不稳定造成的。

弃风弃光已成为可再生能源发展的瓶颈

解决上述问题的重要方式就是储能技术。储能，字面意义就是能量存储，是指一种能量通过一种方式转变成另一种能量储存起来，待用时再释放出来。而电力储能，则是利用储能技术，实现电能以其他形式存储下来，在电网需求时利用转换的技术回馈电力网络。

储能技术在发电盈余时吸收电能，可以看作负荷，在发电不足时释放电能，可以看作电源，这样就调整了电网中电源与负荷的关系，保证了电网中发出的电能与消耗电能的平衡。另外，储能技术可以通过电能的吸收与释放平抑可再生能源发电的电力波动，提高电网对新能源的接纳能力，对提高供电可靠性和电能质量起到关键作用。当前大型风电场、光伏和光热电站很多都已经配备储能设备，中国已经建成风光储和风光热储相配合的电源模式，为可再生能源的送出、消纳提供了良好的解决方案。

美国和澳大利亚是目前世界上储能工程容量最大的国家，在2017年分别有430MW和260MW储能工程建成，带动了全球储能产业的崛起，德国、韩国、英国、印度等国家也拥有相当数量的储能工程及储能规划。作为全球电源装机容量最大的国家，中国的储能行业也已经起步。当前中国已经具备储能技术全产业链，对于储能技术也有巨大的需求，未来几年储能技术将快速发展，中国也将成为储能装机容量最大的国家之一。

全球能源互联网要调动全球的电源满足人类所有的生产生活用电，其电源与负荷数量巨大，并且未来可再生能源发电技术将占据全球电源的绝大多数，要满足发电与负荷平衡，保证可再生能源出力平稳，储能技术是必不可少的。可以预见，未来全球能源互联网中的储能设备将越来越多，由于这些储能设备的作用，电网也将越来越稳定和安全。

2 储能技术的分类及特点

大容量电力储能技术出现已经有几十年的时间，在这期间根据不同的应用场合，储能技术发展出了很多种形式。根据能量存储形式的不同，电力储能可分为机械储能、化学储能、电储能和热储能。

机械储能技术是将电能与机械能进行互相转化的技术，机械储能方式包括压缩空气储能、飞轮储能和抽水蓄能。

压缩空气储能（Compressed-Air Energy Storage，CAES），是采用空气作为能量的载体，在负荷低谷时，利用过剩电力将空气压缩并储存于储气室中，在负荷高峰时，再将压缩的空气从储气室释放用于发电。压缩空气储能运行费用低，不但具有非常高的稳定性，而且功率范围广，主要在调节尖峰负荷和替代高成本电厂中应用。1978年，世界第一座示范性压缩空气蓄能电站在德国落地，机组容量290MW。发展至今，成功将压缩空气储能电站商业化运行的只有德国和美国，其他国家尚在规划和建设大型压缩空气储能电站阶段。中国已经在开展相关研究并开展了100MW级系统的设计工作，100MW压缩空气储能电站示范工程预计在2020年建成。

飞轮储能在充电时，电动机带动放在真空外壳内的转子飞速转动，电能以飞轮转动的动能形式存储起来，放电时，旋转的飞轮带动电机发电产生电能。根据转子转速，飞轮储能可分为低速飞轮储能和高速飞轮储能。低速飞轮储能主要应用于短期储能，转子转速一般小于10000r/min，高速飞轮储能，转速可达50000r/min甚至更高，可用作飞轮电池等。飞轮储能系统具有建设周期短、能量密度较高、寿命较长，且充电快捷、充放电次数无限、对环境无污染等优势。欧美国家起步较早，已经推出了商业化的飞轮储能产品。飞轮储能系统在电网中最主要是起调频作用，作为快速调节资源已经获得各国电网运营商的关注，飞轮储能电站已经在北美洲和欧洲区域建设并投入运营。

抽水蓄能是用电网中负荷低谷时的电力，通过水泵将水从低标高的水库抽到高标高的水库，将电能转化为水的势能存储起来，待负荷高峰时，高标高水库中的水回流到下水库，水的重力势能驱动水轮机发电。抽水蓄能可将电网负荷低时的富余的电能，转变为电网高峰时期的高价值电能，具有电网调频调相、稳定电力系统的作用。在电力系统能源管理领域，抽水蓄能是目前应用最普遍的一种成熟的储能技术，低成本和完善的运行管理机制使得其成为大容量储能系统市场的首选技术。世界最早的抽水蓄能工程在1882年

抽水蓄能电站是当前最成熟的储能技术

瑞士苏黎世建成，1929年美国建成了最早的商用抽水蓄能电站，随后世界各国充分认识到抽水蓄能电站在电能调节中的作用，大型抽水蓄能电站纷纷落成。目前，全球大型抽水蓄能电站已经有200多座，担负着调节电网源荷平衡的重任。

机械储能是出现最早的储能方式，也是目前维持电网稳定最重要的储能方式。未来规模遍布全球的全球能源互联网，必然需要更大规模的能源池作为调节。当前中国已经在丰宁开建3.6GW抽水蓄能电站，用于大型能源基地的电能调节。未来超大规模的机械储能工程将持续出现，保证电网的源荷平衡、稳定运行。

化学储能主要是依靠储能电池内部的化学反应进行储能，从原理上可以将其视作大型蓄电池。化学储能包括锂离子电池、铅酸电池、钠硫电池、液流电池等。

锂离子电池在充电时，锂原子变成锂离子，通过电解质从正极迁移至负极，在负极电子结合后作为锂原子储存，这个过程是可逆的，其逆转反应即放电过程。锂离子电池在1992年由日本的索尼公司率先推出，因其体积小、储能密度高、无污染、循环寿命长，成为新型高能量电池。当前锂离子电池是化学储能最主要的技术路线，也是应用最广的化学储能方式，在2017年新增的化学储能方式中，锂电池占了93%。目前，美国、澳大利亚、韩国、德国有着相当比例的锂电池装机容量。

铅酸电池内的两极浸在电解液中，放电时，阳极的二氧化铅与硫酸反应生成硫酸铅和水，阴极的铅与硫酸反应生成硫酸铅；充电过程与放电过程正好相反，阳极的硫酸铅转化为二氧化铅，阴极的硫酸铅转化为铅。铅酸电池因其材料成本低、制造技术成熟，目前已完成商业化应用，实现大规模生产，是较为成熟的化学电池。但是铅酸蓄电池也有不少缺点，体积较大，特性容易受环境温度的影响；铅酸电池有比较严重的污染问题，回收体系不够规范完善，因此市场地位受到很大的冲击。

1967年，美国福特公司发明了钠硫电池，其初衷是用于电动汽车。1983年，日本NGK公司和东京电力公司合作开发钠硫电池，并于2002年将其推广，实施商业化。发展至今，仅日本NGK公司有制造钠硫电池的成熟技术，是全球唯一一家钠硫电池产业化的企业。

钠硫电池钠的工作温度需保持在300℃以上，电极处于熔融状态，电池中的液态钠和液态硫与碳复合物分别做正极和负极的活性物质，能量转化效率高达80%以上，成本较低且安全性高。

全钒液流电池有比较特殊的结构，在液流电池中，电解质储存在电池外部的罐中，正、负极电解液由离子交换膜隔开。电池工作时，电解液中的活性物质离子通过电极和薄膜，将电能转化为化学能，或将化学能转化为电能。目前，全钒液流电池是最成熟的液流电池技术，电池功率与容量设计是相对独立的，因此适合大规模蓄电储能需求。

电池储能不受地理环境等外部条件的限制，可根据不同需求灵活配置功率和能量，适合大规模应用和批量化生产。传统的电池储能系统因技术限制，规模较小，容量有限，一般都只应用在平抑分布式新能源发电并网的功率输出。随着近年来电池技术的提升，储能容量提高，体积缩减，产品寿命延长，成本降低，电池储能规模不断增大，实现了大规模应用和批量化生产。

电储能是利用电工学元件或材料特殊的物理性质进行储能的方式，主要包括超级电容储能和超导储能。电储能是一种新型的储能方式，其储能效果很大程度上依赖于电工学材料的研究。

超导磁储能的储能方式是将电流导入由超导体制成的环形电感线圈，电流在线圈内无损失地不断循环，储存在磁场中，需要导出时，再将能量送回电网或直接给负荷供电，是一种电能转换为磁能进行储存的技术。超导磁储能的循环效率可达95%，与其他储能技术相比，能量返回效率更高，能量的释放速度快，能够快速进行功率补偿。在世界范围内，超导磁储能技术已初步形成产品，与风电系统和柔性输配电均有结合，在提高电能质量和电网的动态稳定性方面有重大价值。但是，由于受到超导体材料和维护费用昂贵的制约，一次性投资太大，目前尚未实现大规模生产。

超级电容器与普通电容器相比，由特殊材料制成，有更高的介电常数，根据电化学双电层理论研制而成，因此又叫双电层电容器，是一种新型储能装置。超级电容器的原理是将两层多孔电极板浸在电解质中，通电时，正极板吸引电解质中的负离子，负极板吸引正离子，形成两个容性存储层，两电荷层的距离非常小，从而产生极大的电容量。

超级电容器是一种新兴的储能元件，与其他储能系统相比，具有充电时间短、充放电效率高、速度快、能量储存寿命长、节能环保等特点。在边远的缺电地区，如高山气象台、边防哨所等，超级电容器成为较为理想的储能装置。当前正在迅猛发展的电动汽车，很多也采用超级电容器作为电池。

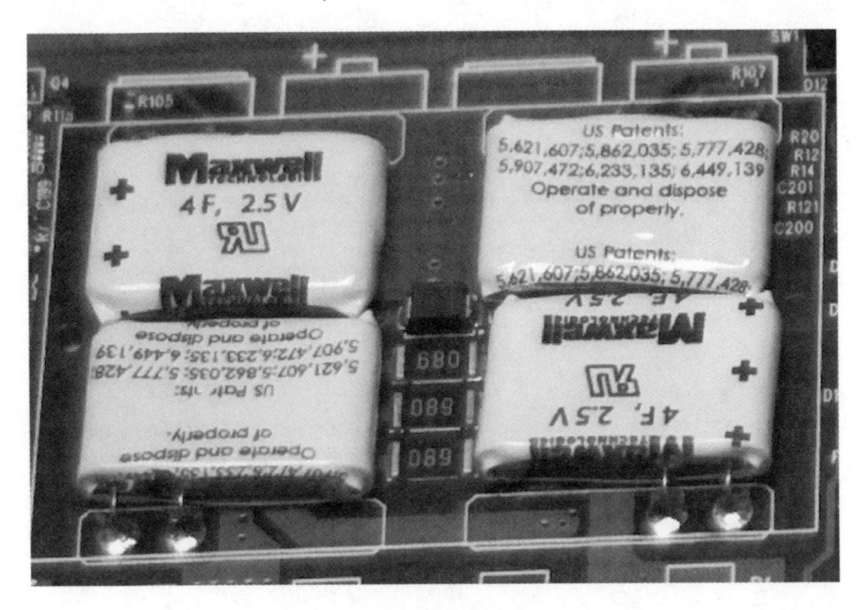

超级电容器组件

热能储能即热能被储存在隔热容器的媒质中。潜热储存是通过相变材料来完成的，需求时将热能转化为电能；显热储存中媒质可以是液态水，热水可以直接使用而不再做转化。当前热储能方法主要用于光热发电的储热装置中，实际应用中展现出了较好的性能。当前美国、中国、沙特阿拉伯、摩洛哥等国家正在大规模上马光热发电工程和热储能装置，二者为光热发电系统的重要组成部分。

3 储能技术的应用前景

储能技术将在全球能源互联网中发挥非常重要的作用。对于发电侧来说，储能技术可以抑制可再生能源的出力波动；对于输电环节，储能技术可以保证整个系统的功率平衡，起到稳定电网频率的作用；对于配电用电环节，储能技术可以随时在电源与负荷之间切换，保证用电的可靠性和稳定性。在全球能源互联网中加入储能环节，实际上是加入可以来回转换的电源和负荷，将本来需要立刻消耗掉的电能储存起来。

储能技术将保障全球能源稳定持续、互联互通

未来储能技术将扮演更加重要的角色：一方面可再生能源装机容量不断上升，需要储能技术保证其功率出力稳定；另一方面电力负荷越来越多，变化情况越来越难以预测，需要储能技术对其进行调节。全球能源互联网对于储能技术的需求，将给储能技术带来迅速发展的动力，储能技术的大规模应用也将使全球能源互联网更加稳定和安全。

第五章
先进用电技术

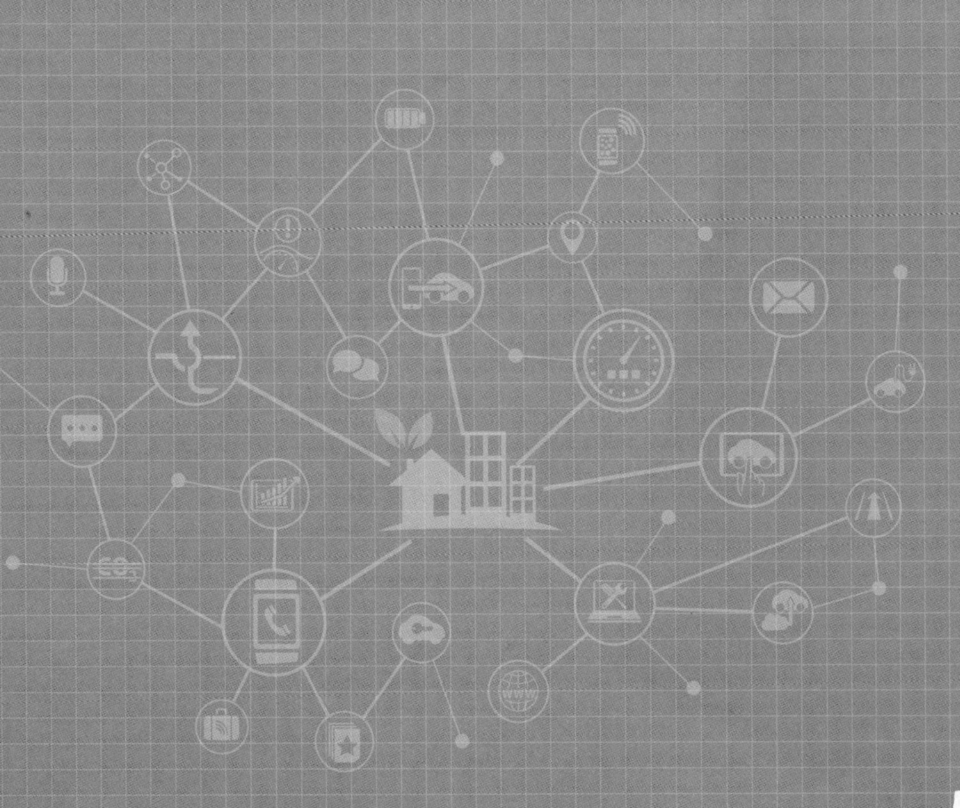

Chapter 5

一、智能电表技术

1 智能电表改造热潮

20世纪末，随着全球用电量不断增加，负荷形式越来越多样，电网结构越来越复杂，传统的电力服务已不能满足电力用户，各国更加注重电网向“智能化”转型，实现电网安全经济运行、电力可靠高效供应和能源节能环保利用的目标，积极规划和建设智能电网。

智能电网是全球能源互联网的基本单元，将信息化技术应用在电网的各个环节，是一个全自动化的电力网络，高度的信息化让每一个用户和节点都得到实时监控，电流和信息实现双向流动。

从2006年美国IBM公司提出的“智能电网”解决方案开始，包括中国、欧洲国家在内的世界各国纷纷开始规划，出台支持性政策，加快推进智能电网技术和产业发展。当前欧美很多国家电网的智能化程度已经非常高，智能型电网已经成为全世界及区域电网的发展趋势。智能电网实现智能控制的一个重要环节是用电数据的采集和处理，一套能够实时采集电力用户信息，大规模存储并进行分析处理的用电信息管理系统对于智能电网的重要性不言而喻，作为智能电网的智能终端和数据入口，智能电表技术应运而生。

目前正值全球范围内的智能电表改造热潮。美国和欧洲发达国家的智能电表改造已经接近尾声，中国已经为大部分居民更换了4.5亿只智能电表，沙特阿拉伯、伊朗等中东国家以及印度尼西亚等东南亚国家也都在开展智能电表的更换。未来全世界的电网必将实现智能化，而智能化的用电采集方式是电网智能化的重要步骤。

2 智能电表的分类及功能特点

电能表作为测量电能使用量的重要仪器，到目前为止经历了多次更新换代。最早的电表是爱迪生在1880年发明的直流电能表。1889年，匈牙利岗兹公司的布勒泰发明了世界上最大的感应式交流电能表。

感应式电能表结构简单，造价低，但维护方面存在着很大的问题。随着使用时间的增长，转轴和转盘间摩擦力增大，实际用电量和转盘读数会有一定的差距，准确度降低。另外，感应式电表需要抄表员进行抄表，非常浪费人力物力。随着电子技术不断地发展，电子式电能表出现了，相比于感应式电能表，电子式电能表功能强大，准确度高，灵敏性好，尽管价格较高，维修相对复杂，抗干扰能力差，仍是电表领域的一大飞跃。智能电表的出现，使电能数据的采集变得更加高效和方便。

感应式电表和电子式电表

2009年，英国首批具有网络通信功能的电表安装完成，成为世界上第一批智能电表。与此同时，中国也提出了“智能电表”的概念，并展开技术路线研究和工程实施。到目前为止，中国已经成功安装4.5亿只智能电表，实现了高效的电网数据采集和处理。

智能电表具有双向计量、远程集中抄表功能，并将先进通信技术、传感技术、微机技术融入电网数据计量领域，是一种准确、先进的数据计量技术。智能电表在用户节点进行测控和大规模的数据采集，数据采集间隔一般为15min（对于重要负荷，可以采用更高的采集频率），数据采集完成后回传用户的瞬时电压、电流数据，数据处理器进行集中式电能计算，以实现计量的自动化和精准化。智能电表配备了先进的数据存储系统，数据存储时间很长，在断电的情况下，数据可以保存长达10年之久。

双向计量功能的设计，充分考虑到未来用户不仅会从电网中获取电能，

智能电表

还会向电网反馈电能。未来的智能电表不仅可以准确测量电网为用户提供的电能，还可以测量用户向电网提供的电能。这种设计方式实际上是兼顾到未来用户利用屋顶光伏等形式产生电能后向电网反馈电能的情况。

远程集中抄表功能的实现过程是：利用数据采集单元采集电器的模拟信号；数据单元通过模数（A/D）转换器将数据处理成可以传输的信号，即将模拟信号转变为数字信号；数据通信单元根据电表的不同，通过红外、有线、无线、GPRS、以太网等不同方式将信号集中上传给服务器。

网络通信技术和大数据技术使电表功能更加完善。相对于传统电表，智能电表还具有多种费率计量和防窃电功能。智能电表耗能较小，一般只有0.6W ~ 0.7W，大概是感应电表的1/3。智能电表具备多级安全性的运行保障系统，运行安全性能比较高，而且可以实现四象限上的无功以及远程集中抄表，科技功能强大。

从感应式到电子式，再衍生为现在的智能电表，电表完成电能计量“智能化”的转变，功能从基本的计量功能，向负荷监控、双向信息流、动态电价等节能用电的管理功能迈进。基于先付费后用电的管理思想，杜绝了拖欠电费等现象。远程充值可以使用户足不出户完成用电缴费，明确的计数显示可以使实时用电情况一目了然，电网的服务特性愈发凸显，居民用电更加便利快捷。

智能电表采集的数据非常多样化，包含电量类、负荷类、事件类、工况类和费控信息等。随着智能家居的普及，智能电表可以为用户提供家用电器更加丰富的用电信息，通过采集的大量数据建立用户能耗模型，对信息进行处理和分析，深度挖掘数据的潜在价值，记录用户的用电习惯，分析用电行为特征，引导用户更合理地使用家电，降低用户的用电成本。不仅如此，智能电表还具有用户端控制功能，通过通信控制直接启停智能家用电器，通过改变用电设备的使用时间，达到削峰填谷的作用，提高用电效率，促进节能减排，节省电费。电网和用户形成用电和信息交互网络，信息互动性更强。智能电网节能型、终端用户智能化是智能电表的发展方向。

AMI（Advanced Metering Infrastructure，高级测量架构）是一个具有测量、采集、处理、传输、分析用电信息等功能的自动双向流通架构，是一个完整的系统。智能电表是AMI的终端，与先进通信网络、采集器、集中器和后台软件等共同构成了AMI系统。

在AMI中，智能电表相当于分布在电力系统中的传感器和测量点，AMI通过智能电表获取用户的全部用电信息，通过通信网络双向传输实时的能耗数据。AMI将海量的数据传输给电网终端，根据用户的信息可以对配电网进行更为科学的规划，强化电力网络控制和管理，同时给用户提供详细的用电信息，激励用户参与实时的电力市场，通过负荷响应实现节能减排，完成用户和电网的双向互动的交流和控制。

AMI系统代表了当前最先进的电力数据获取和处理技术，AMI系统在电网中的应用，也成为了电网智能化的重要标志。目前发达国家和主要发展中国家都已经在根据电网情况构建适合自己的AMI系统。未来对于用电数据的充分利用和挖掘，将加速电网自动化与智能化的进程。

对数据的采集和处理是AMI系统的重要作用

3 智能电表的应用前景和意义

智能电网和智能电表的发展有着相互促进的作用，智能电表进行电能数据采集、计量和传输，将信息集成、分析优化，可以协调控制电网的稳定运行，实现资源的优化配置，作为电网智能化发展建设的奠基石，对于电网实现自动化、信息化、互动化具有非常重大的作用，而智能电网全球性的部署和发展必将促进智能电表的需求快速增长，市场规模前景可观。

据预测，2017—2022年期间，全球智能电网投资将由208.3亿美元增至506.5亿美元，年均复合增长率为19.40%，有数据显示，至2020年，全球智能电网市场预计达4000亿美元。与此同时，智能电表市场飞跃增长，预计到2020年，全球将安装近20亿台智能电表，市场营收规模将达百亿美元。

美国计划在2020年前，为13%的美国家庭（1800万户家庭）装上智能电表。在欧洲，意大利及瑞典是智能电表推广和应用较早的国家，现在已经将所有普通电表更换为智能电表；英国、德国、法国和西班牙也纷纷效仿，预计在未来10年内智能电表的使用覆盖全国。而亚太地区，作为世界人口最多的地区，可能将成为全球最大的智能电表市场。

中国在亚太地区拥有最大的发电量和配电容量，智能电表部署也是占最大份额的。2009年开始，中国就已经在进行智能电网改造，目前已经完成超过4.5亿只电表的安装。

智能电表作为电网“智能化”和能源“数字化”的基石，数据分析应用日益广泛。智能电表基于AMI的数据分析，主要有三个方面的应用，即资产管理、电网管理和用户管理。

资产管理就是对电网内设备及设施进行监测和监控。在过去，当电网发生故障时，电网的故障范围和影响区域一般都依靠用户报错来大致确定，电力公司派遣运维检修人员前往现场确认处理。随着智能电表覆盖全国，电表内部的传感器可以根据接收到的失电信息判断是否断电和电网故障类型，结合GPS系统可以准确定位电网的故障位置并划分出故障影响的范围，节省了工作人员运维时间，并且故障误报率减少。电网恢复用电后，智能电表会传输故障解除信息至调度中心。

智能电表除了可以完成故障定位与响应的自动化和精准化，还可以通过测量用户侧节点获取完整准确的负载和网损信息，合理优化电网设备的维护和更换计划，辅助配电网资产管理。对采集信息进行综合处理分析，不仅可以监测设备的运行状态，提前识别设备故障，还可以得到较为准确的配网侧的潮流分布信息，通过预估未知的状态避免电能质量恶化造成电力设备过负载。

电网在用电侧的管理称为需求侧管理，是通过采取有效措施，对需求侧的电力、清洁能源等各种能源进行综合规划，达到调节电力平衡，提高终端用电效率，促进电力资源优化配置的效果。智能电表引领需求侧管理转型“智能化”。智能需求侧管理最显著的特征就是应用了AMI系统，实现了供需之间的信息交互。

智能电表可以实时持续地监测电能质量和供电可靠性，并提前采取措施预防电网故障的发生，减少发电机和电网的损耗，提高电网的安全运行水平。同时，它还可以根据用户的能耗信息，进行负荷分析、建模和预测，提高负荷预测的准确度，更好地优化电网建设计划，降低电网不必要的备用容量，减少能源消耗，调整化石燃料和可再生能源的能耗比例，提高电网的经济效益。

电网企业可以根据智能电表反馈的信息，建立用户能量管理系统，大规模数据能体现用户更多的用电细节，可以评估用户的错峰潜力，通过价格控制和负荷直接控制的方式，控制用户的负荷，促进需求侧管理，提高电网的抗风险能力和电网资产的利用率，从而大幅度提升电网企业的管理水平。

需求侧管理就是根据用电数据对用户电能重新分配

用户管理就是根据用电特征和信息，针对不同的用户采取不同的服务策略。2001—2002年，美国加州爆发了能源危机，需求侧缺乏弹性的问题暴露，成为世界关注的焦点。需求侧响应作为引导用户主动改变用电方式和参与电力市场交易的一种方式，具有降低电网供电成本、优化资源配置和削峰填谷的作用，与供电侧资源管理有着相同的效果。因需求侧响应有着反应速度快、成本低、零排放的优势，各国电网用其来实现能效管理和负荷管理。

传统的需求侧响应，是用户通过改变用电方式和时间来响应电网的电价激励政策。随着智能电网的发展和智能电表的广泛应用，推动需求侧响应向着智能需求侧响应方向发展。

智能电表采集用户的各类用电信息，每个用户用电特性不同，负荷曲线也呈现不同的形态，但是有些用户有类似的用电习惯，因此根据负荷分布的相似性可以将用户分为居民用户、商业用户、工业用户等。通过对用户用电行为进行分析，能耗信息反馈给用户，为用户提供更合理的用电方案，减少用户能源消耗，达到节省电费的目的；同时，电网根据数据制定具有针对性的服务策略，提供更为精细化的服务，整体提高电网的服务水平。通过电网和用户的实时互动和设备的负荷自动化调整，就能保持电网的动态平衡，实现智能化的需求侧响应。

随着分布式能源的蓬勃发展，用户侧不再只是受端，用户侧分布式能源产生的富余电量也可以通过智能电表反馈到电网中，从而实现用户利益的最大化。

数字化和智能化是未来电网发展的趋势

智能电表技术采集用户侧数据并通过AMI系统进行处理，是需求侧和电网双向互动的基础，其先进的存储技术也为未来采用大数据技术处理电力数据积累了重要的素材。全球能源互联网供给全球用电的过程中，源荷互动、数据处理以及精准的负荷预测都是极具意义的，而这些都需要智能电表和AMI技术支撑。未来智能电表和AMI数据支撑的电网大数据技术、物联网技术等智能电网及全球能源互联网中的关键技术，将使全球能源的调控和使用变得数字化、智能化。

二、电动汽车技术

1 电动汽车的热潮

自1834年第一辆直流电动机驱动的电动车诞生以来，全球范围内对于电动汽车的更新和升级从没有停止过。1859年，法国人发明了第一个可充电的铅酸蓄电池，并于1881年应用到电动汽车，自此，世界上第一辆可充电的电动汽车诞生了，续航里程可达16km。1886年，美国提出“有轨电车”概念，不久之后便投入生产。19世纪末期至20世纪初期，很多国际大型公司开始投入生产电动汽车，市面上出现了后轮轮毂式电动机、后轮驱动、斜轮转向和充气轮胎的电动汽车，无噪声，而且清洁可靠。美国底特律电气公司生产的电动汽车最高时速达到40km/h，续航里程达到129km。直到20世纪初，美国福特公司推出了T型燃油汽车，并实现流水线生产，使燃油汽车的生产成本和生产效率提升，彼时燃油的价格也不断下降，燃油汽车开始成为主流。

随着燃油汽车越来越多，其导致的环境问题也日益凸显。世界各国又重新开始重视电动汽车。美国是电动汽车的发源地，政府对电动汽车的振兴大力支持，特别注重插电式混合电动车的研发。法国是欧洲国家中对电动汽车推广力度最大的。加拿大政府也加大对清洁能源汽车领域的研发。日本重点发展混合电动车，尽管日本传统汽车市场呈现持续低迷状态，但环保汽车的销售在全球独占鳌头，全球销量已超过900万辆。同处亚洲的韩国，对生产电动汽车的企业和购买者提供政策优惠措施，期望能在电动汽车市场占据一席之地。

发展中国家的巴西更青睐乙醇燃料电动汽车，政府采用高额补贴的形式，政策上鼓励使用乙醇做汽车燃料的厂商。

中东国家以色列石油紧缺再加上政治缘故被孤立，对电动汽车的补贴和优惠政策力度很大，期待电动汽车取代燃油汽车来应对能源危机。Project Better Place公司在2008年初推出了一款电动汽车，在国内销量可观，而且从2009年起，以色列政府开始规划建立50万座充电站。

中国对电动汽车的投入也是不遗余力，不仅仅是为了在汽车行业里赶超发达国家，更多的是减少对石油进口的依赖，改善空气质量。我国电动汽车市场规模已经逐渐壮大，销量已经占据全球四成以上份额，而且大多数电动汽车均为我国新能源企业生产，预测中国市场会最先达到电动汽车市场化的临界点。

随着技术壁垒的突破、政策推动以及市场需求激增，电动汽车生产加速放量，2017年全球电动车销量已经突破百万辆，根据最新数据，2018年4月，全球电动乘用车销量达12.8万辆，同比激增88.6%。

对于电网来说，电动汽车可以看作移动可调节的负荷和电源。在用电高峰和低谷时间可以填补和消耗部分电能，保证电网的电能供耗平衡。可见，发展电动汽车有着非常深远的意义，不仅可以解决环境问题，还可以作为电网调节的重要手段。

2 电动汽车的分类及特点

当前比较流行的电动汽车主要分为这三大类：混合动力汽车、燃料电池汽车和纯电动汽车。

混合动力汽车就是拥有两种不同动力源的汽车，根据行驶的状态不同，优化供能组合，而达到节能减排的目的。传统的混合动力汽车依靠燃油发动机和电动系统提供动力，以汽（柴）油机为主，电动为辅。电池容量很小，不能外部充电，只能通过回收制动时的动能或者发电机多余的功率进行充电，不能以纯电模式长时间供应能量。

插电式混合动力汽车是一种新型的混合动力汽车，内置电池容量较大，主要以纯电模式进行长距离行驶，等电池电量耗尽后，才以燃油发动机供能。

燃料电池汽车，是利用氢气和氧气的化学反应，从而产生电能作为动力源进行驱动，分为纯燃料电池电动汽车和燃料电池混合动力电动汽车。

纯燃料电池电动汽车动力源只有燃料电池，因此，目前燃料电池汽车多采用混合动力形式，动力系统中除了燃料电池，还增加蓄电池组或者超级电容器作为辅助动力源。燃料电池混合动力电动汽车通常工作在燃料电池状态，在燃料电池无法满足驱动所需功率时，辅助动力源会提供能量来补充，同时，对于富余的能量，辅助动力源会进行储存。

纯电动汽车，由电动机驱动，能量完全由电能提供，不消耗汽/柴油。纯电动汽车的动力系统主要由电源系统、电力驱动系统和辅助系统组成。

纯电动汽车动力系统以电源系统为电力驱动系统提供电能，电力驱动系统将电能转化为机械能，辅助系统则完成调速控制、动力转向、制动、照明等功能。

混合动力汽车是传统汽车到电动汽车的一个过渡产品，燃料电池汽车在公共交通系统具有很大优势，纯电动汽车是新能源汽车的最终发展方向。

特斯拉已成为电动汽车的领先品牌

电动汽车充电模式可分为电池组更换、电池组充电两种，而电池组充电又分为快速充电和慢速充电。

电池组更换，顾名思义，就是当电池耗尽，更换新的电池即可。这种方式非常快捷，对公共交通非常适用，长期运行成本较低。2008年北京奥运会、2010年上海世博会的电动公交车均采用电池更换的方式给电动汽车充电。

但是，当前电池还未完成标准化，不同品牌、车型的电动汽车的电池不能通用，如果采用这种方法，充电站需要储备大量电池，一次性投资大，维护费用高，而且电池制造的成本很高，一般情况下，电池成本占车辆总成本的1/3 ~ 1/2。而电动汽车是否能大规模商业化运行的关键就是成本能否降低至与燃油汽车同一水平。发展至今，车身底盘等技术已经突破壁垒，电池便成为制约电动车发展的关键因素。

可见，电池储能技术不仅是支撑电网发展的关键技术，对电动汽车产业的发展也有着举足轻重的作用。电池从铅酸电池到镍氢电池，发展到现在，锂离子电池成为最广泛使用的电动汽车电池，具有能量高、自放电低、寿命长等优势。

能量密度和循环次数是影响电池成本的关键参数，两者的提升能大幅度降低电池的制造成本。中国“十三五”规划针对电池技术制定了两个目标，一个是电池的能量密度从每千克180W·h提升至300 ~ 350W·h，另一个是电池做到15000次循环。

3 充电桩技术

电池耗尽电能，除了更换，就是依靠充电桩给电池进行充电。

直流充电机给电池进行快速充电，一般半个小时左右即可充满电池，充电十几分钟，续航里程达满充里程的70%左右，效率高，但是进行快充电流较大，会缩短电池的使用寿命，还存在散热的问题。

慢速充电采用的是车载充电模式，就是电动汽车自带内置充电机，只需接入充电插座即可充电，电池充满的时间一般在6h ~ 10h。虽然充电时间较长，但是需要的技术含量较低、操作简单，因为充电过程电流不大，不易发生事故，对电池的消耗也小，投资少。

快充和慢充一般都采用有线充电的方式。但是随着时间的推移，线路破损和插头老化，会造成安全隐患，而且有线充电对充电地点要求颇高，对于恶劣灾害天气的适应力较差。

采用有线充电方式为电动汽车充电

人们就在思考如何能够实现在任何时间、任何地点、任何状况下都能完成电池充电，于是，无线充电技术闪亮登场。无线充电技术主要有三种：电磁感应式、磁场共振式以及无线电波式。

电磁感应式充电是目前技术发展最成熟、应用最广泛的一种，现在很多手机支持的无线充电模式就是利用了电磁感应的原理。电磁感应的原理就是闭合的导体放置在变化磁通量中，能产生感应电流。电动汽车利用这一原理实现发送端与接收端之间的电能传递。这种方式要求闭合性极强，否则无法产生电流。磁场共振式充电是将能量发送端和能量接收端调整至同一个频率，通过共振的方式完成能量的交换。无线电波式充电是用微波发射装置发射电波，电动汽车内置的微波接收装置接收电波能量。电动汽车无线充电过程就是发射线圈从功率电源取电，一般安装在路面或者放置在地下，传输线圈完成电能和场能的转化，安装在电动汽车底盘下的接收线圈负责接收能量。

无线充电又分为静态充电和动态充电两类，采用哪种充电方式，主要取决于充电过程中汽车是否处于静止状态。静态充电技术相对成熟一些，目前，国内外科技团队已经对动态充电技术展开了研究，示范项目大多应用在公共交通领域。新西兰奥克兰大学与德国康稳公司合作，研制出世界上第一台无线充电大巴；韩国南部龟尾市的电动公交车在一条12km长的动态充电道路上运营，利用磁场共振实现无线充电；德国有轨电车也实现无线充电。

大多数公交电车都是“有轨有线”的

相比于有线充电，无线充电方式省去了电线的连接，而且不需要设置充电桩，降低了维护成本，节省了大量的空间，用户体验度更高，是未来的发展趋势。

现在无线充电的发展主要受限于充电功率和建设成本。随着技术壁垒攻克，电动汽车全产业链发展，未来无线充电装置将全面覆盖道路，电动汽车无需停车，不用等待，只要上路就能进行实时充电。

无线充电模式给充电汽车带来更多便利

据彭博社新能源财经（BNEF）最新预测，到2040年，电动汽车将占全球新车销量的54%。智能电网的发展推动了电动汽车的大规模使用，促进了电动汽车的快速普及，但电动汽车的大规模接入将给电网规划和运行带来极大的影响，对电网而言是一个新的挑战。V2G（Vehicle-to-Grid）技术能帮助电网实现电力平衡。

V2G技术，简单而言就是实现车网互联，电动汽车不再只是消耗能源，而是通过建立通信，实现与电网信息和能量的双向交流，完成电动汽车与智能电网能量的转换互补。车载电池作为储能单元，化身为“车轮上的储能电站”，成为储存和管理电力的一种新形式，同时V2G技术对电动汽车产业发展来说，是一个巨大的助力。

V2G模式下，当电网负荷过高时，没有运行的电动汽车可将其电池的能量反馈到电网中，当电网负荷低谷时，电动汽车的电池可以对电网过剩的发电量进行存储，避免造成浪费。

电动汽车储能系统在电网低谷时段充电，电网高峰时段为电网馈电，能起到削峰填谷的作用，同时用于消纳或储存光伏、风电等间歇性能源，促进新能源的发展，多余储能还可以供应家庭、公共充电基础设施以及商业设施使用，不仅可以提高电动汽车的能源利用率，还可以节省用户成本。

近几年，为了缓解“续航焦虑”，不少车企开始着眼于分布式发电与电动汽车的结合。其中，将太阳能发电技术运用在车顶，成为最闪耀的构想。车顶天窗薄膜发电项目的核心就是通过将薄膜电池铺设于电动汽车的车顶上，通过光电转化技术，太阳光能就能提供源源不断的电能，驱动汽车行驶。

该技术在美国已有应用实例。2016年，物流厂商将薄膜电池铺设于物流卡车车顶，光能转化成的电能，为卡车提供部分电力。这种供电形式运用于物流，可以降低运营成本。

4 电动汽车的运营管理模式

据统计，大部分电动汽车平均有95%的时间都处于停放状态，是可调度的灵活负荷，数以百万计的电动汽车的利用价值巨大。

电动汽车充放电在时间和空间上具有非常大的灵活性，因此电动汽车纳入智能需求侧管理的范畴，合理规划充放电的时间，可以提高电动汽车和电网融合性。电动汽车对电网的价值实现归根到底就是通过对电动汽车的充放电进行科学有序的管理，最大化地利用电动汽车储能以满足电网和电动车用户的需求。因此，通过对用户用车行为的分析，制定策略，从而对电动汽车充放电进行控制。

国内外很多研究均是基于用户电动汽车充放电时间和空间分布的数据，建立电动汽车充放电负荷模型，并对充放电负荷进行预测。

有专家提出一种合理有效的策略，即通过用电系统采集电动汽车充放电时间和充电桩对接入车辆电池状态检测的信息，结合日常负荷预测和用户的充电需求，建立模型求解出最优充放电安排，直接控制充电桩的启动和停止，从而达到对电动汽车用户的充放电行为进行控制。

研究表明，电动汽车采取有序充电形式，则大规模并网对电网发电侧的影响会小很多，而且私家电动汽车可以作为可调度资源。因此，合理的电动汽车充电运营管理模式非常重要。

电动汽车充电运营管理模式可以简单地分为两类：集中管理模式和分散管理模式。

集中管理模式是在充电站、加油站或高速公路服务区等特定公共场所，集中性地为电动汽车提供充电、维护等专业服务，同时也便于采集统计电动汽车的各类信息数据，结合电网运行情况，对电动汽车进行有序充放电，便于管理。电动公交车系统就是集中充电管理模式的一种应用。2016年浙江G20杭州峰会，电动公交车成为了公共交通的主角。荷兰阿姆斯特丹和德国柏林利用电动车集中充电管理的优势，创立电动城市物流。

分散管理模式是在停车场、小区内建立分散的充电设备供用户充电。这种方式虽然简单便利，但是不便于用电管理。

在共享经济新时代下，电动汽车行业也衍生出新的管理模式。

“汽车共享”的理念再次被推上舞台。现在全球各地很多城市已经推出落地项目。随着运营模式的创新，异地还车成为流行趋势。Car2Go项目起始于2008年，是由国际知名豪车制造商戴姆勒推出的汽车共享项目，租车车主只需通过App即可找到可用车辆，刷卡取车，就近还车即可。现在电动汽车分时租赁已经在很多城市推广，旨在打造即时使用、自由流动式的电动汽车共享体系。

充电设备作为电动汽车能量补给的基础设施，针对不同的电动汽车运营模式，充电设备的布局应因地制宜。当充电车辆达20辆以上时，需要建立由多台充电机和充电桩组成的充电站，以供集中式充电，而电能需求较少的地方，建设小型的独立充电桩即可。

电动汽车充放电对电网运行的影响主要体现在充电站和充电桩对电网的影响。独立充电桩布点分散，负荷较轻，而充电站应包含多台充电机和充电桩，应兼顾考虑电网节点负荷、配合新能源出力，因此充电站的规模和布点成为设施规划的关键因素。充电设施配套齐全、布局合理成为重中之重，不仅仅关乎交通的正常运行，也关系到电力系统的安全性和经济性。

在全球环境问题日益凸显以及全球能源互联网构建逐渐加快的背景下，电动汽车已经迎来了快速的发展期。2013年初，欧盟已经颁布法规，明确规定加油站必须提供充电服务点，在中国也已经开始研究建设油、CNG（压缩天然气）、LNG（液化天然气）、电“四位一体”的新型站。电动汽车是世界汽车工业转型的方向，对于电网也是一场革命。未来，更轻的车身、更低廉的成本、更环保的动力能源和更安全快捷的充电方式将成为追求的目标。

三、智慧社区

1 智慧城市理念

十年来，世界的目光一直聚焦在智能电网的建设。智能电网与用户实现双向互动，不仅可以为用户提供更好的用电体验，还可以改变用户的用电观念，引导用户主动地参与智能电网的建设和管理，引领用户用电模式变革。

随着智能电网的飞速发展，智能用电得到各国的密切关注。智慧城市作为智能用电的一个标志性应用和最具典型性实践，是智能电网引导和改善用户用电最直接的一种体现。

2008年，IBM公司提出“智慧地球”的理念，全球掀起建设智慧城市的热潮。建设智慧城市实质是创造一种城市建设的新理念，开创社会管理的新模式，旨在让城市变得更安全、更舒适、更便利。随着智能化时代的到来，智慧城市搭上快车飞驰。

最早的智慧城市发展关注的是能源紧缺和环境污染问题，对智慧城市战略的探索与实践较早，因此发展程度也更加成熟。欧美国家的智慧城市技术通常将能源、交通、水务等多方进行生态的链接，实现宏观调控。利用云计算、人工智能和智能硬件对信息进行整合处理，为市民提供更便利的交通环境、更充足的能源供给，打造节能减排、可持续发展的智慧都市。落地案例有美国迪比克市智慧城市项目和韩国松岛智慧城市计划等。

在“互联网+”的大浪潮下，全球进入经济快速发展时代，智能化贯穿人们生活的每一个环节，人们的生活方式开始发生改变。社区作为居民生存和发展的载体，其智慧化程度与生活品质紧密相连，居民对居住品质提出了更高的要求，加速了社区向高质量、精致化方向建设。与此同时，人工智能、生物识别、云计算等技术的转型和升级，将社区建设也推向“智慧”的新时代。

智慧社区作为智慧城市的缩影，将“智慧城市”的理念引入细分领域，打通智能用电最后一公里，全力打造网络化、数字化、互动化的智能化小区，以点带面，引领产业转型，是智慧城市最核心的存在。未来十年，新科技应用不断落地，智慧社区将完成质的蜕变，实现智慧社区构建智慧城市，智慧城市能源互联。

2 物联网技术与智慧城市

物联网——Internet of Things，就是物物相连的互联网，是互联网的一种延伸，即通过从虚拟数字世界向现实物理世界的扩展，实现对物体的智能化识别、定位、跟踪、监控和管理。利用智能感知、射频识别、普适计算等技术，物体与互联网相连接，进行信息交换和通信，没有生命的物体通过通信协议，将信息传达给世界。

智慧社区是物联网技术的最重要应用之一，是科技创新革命和信息产业浪潮下的产物，它融合了人工智能、云计算、物联网、移动互联网等技术，涉及智能家居、智能楼宇、安防监控、社区服务等领域。

2017年，中国首个“互联网+”智慧用能综合示范小区在广州落地，实现了“四网融合”和“三表集抄”。居民只需一个平板电脑不仅能查询到家庭的水、电和燃气的使用情况，还能查看不同电器在不同时间段的状况。

物物相连

相比传统的小区，建设智慧社区的技术核心就是电力光纤入户和表计智能化。

传统小区依靠电力电缆传输电能，智慧社区则是利用光纤复合低压电缆，这种电缆是将光纤组合在电力电缆的结构层中，从而具备电力传输和通信的双重功能，支持不同运营商的网络接入，电力网络与通信网络的贯通，将传统的“三网合一”升级为互联网、电视网、电话网、电网的“四网融合”。通过对表计的改造，电能表、水表和气表都变身“智能表计”，并且网络互联，通过采集器将三表的数据采集后上传至信息采集管理平台，完成水、电、气的“三表集抄”，为用户提供优质便捷的双向互动服务。智慧社区旨在打造电子设备智能化、通信网络全覆盖化、能源利用高效化的安全舒适的环境。

智能电表和智能家居的迅速发展和广泛应用，将智能电网的“智能化用电”和全球能源互联网的“互联”理念拓展到家庭领域，智能家庭成为智慧社区的有效组成部分。

3 智能家居

智能家居（Smart Home）的概念起源于20世纪80年代初的美国，它

以住宅为平台，利用物联网和通信技术将家电设备进行互联，智能终端设备采集智能家用电器的用电信息，最终通过通信手段实现智能家居管理平台对智能家电设备的智能管理和控制。智能家居完成了家电设备的信息化和自动化，通过收集用电数据，分析用户行为，为用户提供更加智能化、人性化的服务。

家居的“智能化”激活了家用电器的“生命”，赋予其“眼睛”“鼻子”“耳朵”等，像人类一样去感受。这些“感知器官”其实就是各式各样的传感器，采集光线有红外感应器，采集烟雾有烟雾感应器，采集温度有恒温器等。

追本溯源，智能家居在20世纪30年代就雏形初成。在1932年芝加哥的世博会上，惊现了一台可以说话、唱歌、读报的机器，叫Alpha机器人，它是世界上第一台家庭概念的机器人管家。1939年，Elektro机器人诞生，不仅具备和Alpha机器人一样的功能，还可以通过语音口令控制播放唱片。

十年后，美国密歇根州的机械天才Emil Mathias首次提出智能家居概念，通过各种工具和按钮来实现自动化家居设计这一超前的理念刊登在1950年的《大众机械》杂志上。

到了1967年，福特汽车公司制作了一部电影《1999 AD》，将网上购物、电子银行甚至智能烤箱的场景在影片中展示，人们在电影中看到了未来生活的模样。

1983年，位于美国佛罗里达州基西米的仙纳度屋对外开放供大家参观，不同于由混凝土构成的建筑，仙纳度屋以聚氨酯泡沫隔热材料作为建筑材料，而且屋内所有的电气设备均由Commodore计算机控制，可谓最原始的智能家居系统。

1984年1月，世界第一座“智能大厦”落地美国康涅狄格州，该大厦的前身是一座旧金融大厦，设计师对建筑设备进行了信息化整合，室内的设备实现了综合管理自动化，智能家居建筑揭开了序幕。

1990年，比尔·盖茨开始计划建设“未来之家”，耗时7年之久，斥巨资铺设了52英里电缆，终于建成。住宅内所有的电气设备均连通，通过触摸感应器控制，室内温度、灯光均可自动调节。当时“未来之家”展现出来的超前的理念和完美的设计让人叹为观止。

智慧社区是以“智能家居”为入口，实现对家庭的全面管理与服务。智能电表作为智能家居能效管控的接口，具有不可忽视的作用。

一键“控制”生活

智能电表可以对智能家居进行实时监控，采集智能家居的使用和状态信息，并对用户用电信息进行分析，在保障居民的舒适度的条件下，制定相应的节能降耗措施，有效管理与控制家居设备的能源使用。通过智能电表的使用，居民可以实时掌握家庭的用电情况，对智能家居进行能效管理，改变传统的电网单向管理模式，通过需求侧响应与电网互动，提高能源的使用效率。在全球变暖、气候日益恶劣的环境下，“智慧节能”成为能源革命的趋势，智能电表成为重要支点。

4 全新技术融合下的智慧城市

随着互联网渗透入各行各业，大数据、物联网、云计算、人工智能等爆发式地增长，智能家居融入了更先进的传感技术，更智能的控制技术、物联网和云计算分析，满足了人们更精细化的要求而变得炙手可热。

微软、苹果、谷歌、三星这四大科技巨头很早就启动了智能家居系统的研发工作。2009年，微软公司推出智能家庭——Microsoft Home；2016年5月，谷歌公司推出了具有语音交互能力的智能家居单品——Google

Home；苹果公司也不甘落后，主推智能家居生态圈，2014年6月，发布了智能家居平台——HomeKit；在2014年美国国际消费电子展（CES）上，三星也对外公布了自己的智能家居平台——Smart Home。

未来，理想化的智能家居状态是实现“无感化”，智能产品能够感应用户的状态，从而自主进行调节，从被动变为主动自动化，就如科幻电影里展示的那样：主人在工作，若座椅上的传感器检测到主人在发热出汗，空调就会自动开启，调节到最适宜的温度；洗衣机检测到洗衣液快要用完，自动向超市订货；在电价较低时，智能电表自动购买能源等。

智能家居的出现，使用电也变得“智能化”，先进的通信、物联网、云计算技术让智能用电锦上添花。家居互联互通，智能家居的用电信息同步至家庭智能用电管理平台，数以亿计的用户能效数据最终会上传到云平台，大规模数据得以储存，智能家居产品实现平台化运作。智能用电管理平台能实时监测家庭用电情况、远程控制家用电器、遇突发情况进行报警，还可以对用电进行能效分析，为家庭提供节能计划等。

对电网而言，通过智能电表可以随时调用用户能耗信息加以利用，用户用电变成一种可管理的资源，进行需求侧响应，主动参与电网的运行调节，配合电网平衡供求关系，降低电网建设和运营成本，提高能源利用率；电网公司对用户而言，可以通过智能用电管理平台对家庭能耗进行管理，根据电价调整用电方式，错峰运行，还可以在电价低点自行购买能源，使电能消费成为一种经济选择，更主动、高效，而且智能家居让家庭用电更为安全，用电信息透明开放，实现电网和用户间的互动，家庭能效管理效应凸显。

未来，互联网、物联网、人工智能等技术趋于成熟，智能家居会给用户提供更加智能、舒适、安全的服务。社区也将开启智能化模式，智慧社区、智慧城市之间互通，将成为全球能源互联网的重要组成单元，也将使电能的应用更加智能化。

第六章
尖端技术在全球能源互联网中的应用

Chapter 6

一、人工智能技术在全球能源互联网中的应用

1 人工智能技术的爆发

2016年，Alphago战胜了世界围棋冠军李世石，这成为人工智能兴起的标志。以此为起点，人工智能开始大规模地与各行各业相融合，开启了新的产业发展热潮。人工智能技术起源于20世纪50年代，是利用机器来模仿人类思维、记忆和行为方式，从而使机器人拥有人类思考能力，并能胜任人类工作的技术。人工智能从诞生至今60多年来，曾经多次被资本追逐，又多次被资本遗弃，到今天随着人们对于生活品质要求的提高以及各行各业智能化的迫切需求，人工智能再次成为各个领域追逐的热点。

过去几次人工智能的热潮，主要是对当时人工智能算法的改进，准确而明确地对人工智能进行定位，更加偏重理论定位和算法革新；而这一次人工智能热潮更加偏重于应用，各行各业都希望引入人工智能技术，从而实现行业的发展和飞跃。目前人工智能技术已经成功在智能家居、无人驾驶、安全保障等方面实现突破，可以看到，新技术的引入，将传统行业再次推向了新的巅峰。

这一次到来的人工智能热潮主要聚焦在人工智能的应用

在电力领域，人工智能技术也极具应用前景。目前变电站机器人巡检、线路无人机巡检以及故障诊断、负荷预测等都是对人工智能技术的应用，都使得电网更加安全、稳定。为构建全球能源互联网，一方面，随着电网规模越来越大，电压等级越来越高，控制和保护方法越来越复杂和多样，依靠传统的数学算法对电网进行控制已经显得非常吃力；另一方面，随着发电厂、变电站、换流站等数量的不断增加，对于一些危险、操作难度大而且容易出错的工作，机器人完全可以胜任。所以，利用模仿人类逻辑的算法对电网进行控制，利用机器人进行一些实际工作的操作，是人工智能技术对电力系统的重要支撑。

电力系统本身是一个复杂多样且不断变化的系统，为保障电网的安全稳定运行，需要对电网的各种运行方式和工况做出合理处理，因此在电力系统的各个环节都有人类的参与。机械化和自动化发展的目的是减少人类劳动，提高人类的工作效率。

在过去电网规模小、结构相对简单的情况下，机械化、自动化配合人类的决策，完全可以使电网安全稳定地运行。但是全球能源互联网将覆盖全球，结构和规模都是过去电网难以比拟的，采用传统的自动控制技术对如此复杂的电网进行控制，将显得力不从心。只能依赖更强大的人工智能技术，

智能化已经成为电网发展的重要趋势

才能解决对越来越大、越来越复杂的电网的稳定控制、安全操作等问题。诸如柔性直流输电、统一潮流控制等目前已经实现的先进技术，利用强大的控制技术，依据人类的需求对电网进行调控，已经初步显现了人工智能的控制思维和方式。

人工智能是当前最热门的先进技术，其发展程度非常高，已经能够制造出与人类思维模式非常相近的机器人。在数学逻辑无法解决全球能源互联网的控制问题时，人工智能逻辑就提供了新的思路。未来人工智能技术将成为全球能源互联网中的关键技术，保障越来越大的电网的安全和稳定。

2 人工智能技术在能源互联网中的应用及前景

世界各国一直在致力于推动电网的智能化，即“智能电网”。各个国家电网的实际情况和需求不同，每个国家的智能电网的侧重点又有所不同，但智能电网的实现方式却是类似的，即借助先进的通信技术、控制技术，使电网具有自适应性、自愈性，转换到新的运行方式后能够迅速适应，出现故障能够及时排除，并且能够提高可再生能源的接入效率等。电网是非常复杂的系统，特别是当前已经出现了很多国家级的电网、区域互联的电网，甚至将来全球都会联成一张网，对电网的控制逻辑将越来越复杂，这就要求未来的电网控制系统不能只利用人类预设好的控制逻辑实现控制，还应该具有学习性和扩展性，对于不同的问题采取不同的措施，甚至对于相同的问题也应该根据其他条件的不同而区别对待。

目前运用在电力系统中的很多控制方法都是应用数学原理进行预设的，但是在电网的实际运行中，很多故障识别、诊断以及控制方法都是难以使用数学模型进行描述的，需要采用人类的思维方式才可以完成类似的操作。当电力系统运行数据在一些模糊的范围时，数学逻辑就比较难判断运行状态了，这时只有人类的逻辑才能准确判定系统的状态。人工智能致力于为机器赋予人类的思维，恰好可以完成这种复杂的任务。很多智能算法都可以模仿人类的思维方式，实现对电网的控制与保护。

人工智能中的专家系统算法，就是一种利用已知的知识和推理方法、模拟人类的推理方式解决复杂问题的方法。很多年前专家系统算法就已经实现了在工业控制中的应用，这种算法在电网故障判断方面非常有效，将其应用在保护系统中可以极大地增强电网的可靠性和安全性。

人工神经网络算法可以通过模拟人类神经网络的认知过程，将大量有联系的信息进行分析整合，最终实现分析处理的目的。当前人工神经网络在语音识别、图像识别、事件预测等方面已经获得了广泛的应用，这个算法非常适合对大量的并行信息进行处理，例如通过负荷发展的数据对未来负荷进行预测则可以采用人工神经网络算法。

模糊控制通过为相关事件建立模糊关系，从而提高解决问题的准确性。当前模糊控制在工业上的温度控制、光照控制等方面获得了广泛的应用。在电网中，模糊控制可以将故障、非正常运行等事件状态与电气量之间建立关系，将其与人工神经网络算法结合可以有效提升故障诊断的容错性。

遗传算法可以通过模仿人类进化中优胜劣汰的规则，选择出解决问题的最优答案。遗传算法在实际生活中的排班、排课、路径优化等问题中都得到了成功的应用。在电网中可以使用遗传算法选择最优控制方案，以保障在各种工况下电网都能保持最优方式运行。

人工智能的算法对于提升电网的控制能力具有极为深刻的意义，它们未来将被集成在设备或系统中，用于提高能源电力的传送效率和安全性。

智能算法将使控制系统更加灵活、对电力系统的掌控力更强

智能算法比较抽象，但是嵌入到实际设备的设备或系统后，将发挥很重要的作用。在看得见的方面，一些人工智能控制产品已经出现，它们可以代替人类完成类似巡检、检修等重复而具有危险性的工作。

机器人和无人机技术，是人工智能替代人类完成高危、复杂工作的典型案例。在一些人类难以到达的区域，使用机器人或无人机进行操作，将极大地减少电力系统安全事故的发生。机器人和无人机技术在电力系统中已经开始展开应用，很多国家的电力公司都已经开始使用无人机对线路巡检，使用机器人对变电站进行巡检，代替检修工人完成重复、危险程度高的工作。未来这些智能设备的智能化程度越来越高，能够完成的工作也越来越多。在全球能源互联网的构建、运行和维护的过程中，需要智能设备完成的难度系数大、危险程度高的工作也越来越多，人工智能技术在电力系统检修方面的应用范围也将不断扩大。

无人机巡线技术将成为重要的电力系统辅助技术

为实现跨区域联网、远距离送电，解决能源与负荷分布不均的矛盾，输电线路的电压等级不断被提升，目前最高电压等级已达到 ±1100kV，这些输电线路不仅电压等级高，还常常跨越悬崖险滩，给检修带来了极大的困难。过去，位于野外的高压输电线路常常需要电力工人进行高空作业，不仅耗时费力，电力工人的安全也难以得到保障，而无人机技术和电力检修机器人的引进，解决了高压输电线路检修的难题。中国的特高压输电线路已经开始使用无人机进行线路巡检，无人机可以为地面传送实时画面，以供电力生产人员决策。未来电力机器人也将应用于线路检修中，一旦电力线路出现故障，它们将被送上高空，代替电力工人对线路进行检修，完成这一危险性极大的工作。

核能作为极具前景的清洁能源，在未来全球能源互联网中将作为重要的电源方式存在，而核反应堆的废料回收一直是核电站安全领域的重要问题。核电站在发电过程中，需要对核废料进行回收，把核反应产物送到特定的位置做特殊处理，也为新的核反应材料留出位置。因为核废料具有极强的放射性，人类去回收核废料是相当不安全的，而遥控机械设施对核废料进行回收，辐射又会导致遥控电子器件失灵，不仅无法回收核废料，还会使被遥控的机械无法回收。采用有自主行为能力的机器人对核废料进行回收，不需要遥控，免去了辐射对控制环节的影响，对安全利用核能具有非常重要的意义。未来用于核电厂的机器人还会继续改进，利用人工智能技术为机器人赋予学习和判断能力，在遇到特殊状况的时候自行做出判断和防护行为，增加核电站运行的安全性。

虚拟现实技术是人工智能领域的热点之一，是利用计算机技术融合多种信息技术，模拟真实的场景，使体验者有身临其境的感觉。利用虚拟现实技术，可以让被体验者足不出户便看到所有地方的真实的或虚拟的影像。也正是因为这一特点，虚拟现实技术目前在游戏、培训等领域获得了极其广泛的应用。当前城市地下电缆的故障检测还是需要依靠运维人员通过沿线检查的方式实现，一旦城市地下配电线路出现故障，依靠现有的故障定位系统是难以准确地确认故障发生位置的，这就需要检修人员抵达现场通过观察和实时数据分析对故障进行判断。实际上这种方式既浪费时间，又要损耗很多人力物力。采用虚拟现实技术则可以通过故障特征准确而高效地确定故障类型和准确位置。利用虚拟现实技术模拟真实的输电线路，利用故障发生时的实时数据对故障类型、故障位置进行反向推断，将减小检修工人的工作量，减少故障恢复时间，降低检修成本，有效地保障城市配电网的安全稳定运行。

不论对于电网公司还是发电公司，新员工培训都是非常重要的环节，这关系着未来这些新人能否在自己的岗位上安全且高效地完成生产工作。电网公司和发电公司无法在培训的时候为新员工提供实际操作的机会，电网和发电厂肩负着保障各行各业有序运行的重任，绝对不可以将正在运行中的电力设备交由新人操作，同时电力设备和电网系统价格昂贵，采用真实的设备和系统建立培训平台又是非常不合适的。因此，很多对于实操的培训效果并不很令人满意，新人常常在培训中只接受了理论学习，真正熟悉业务还是要依靠未来多年的操作。但是如果将虚拟现实技术引入培训环节，则可以为新员工创造与生产现场完全一样的外部环境，对各种电力设备都可以实现操作的模拟，达到虽然未到现场，但是对现场的各种操作都了然于胸的效果。

2018年12月20日，全球首个电脑虚拟调度员在中国浙江省杭州市供电公司上岗。这位名叫“帕奇”的虚拟电网机器人，已经可以胜任调度员的工作，进行配电网的电力调度。“帕奇”的应用，不仅是一个大胆的尝试，也为未来全球能源互联网中大规模应用人工智能技术奠定了基础。

虚拟现实技术将打造身临其境的感觉，为故障模拟和新人培训带来极大便利

人工智能技术作为未来最具前景的先进技术，在电力领域有着广阔的应用前景。不论在电网系统控制层面，还是局部巡检、故障检测乃至实操培训，人工智能技术都能够提供更加安全和完善的解决方案。未来全球能源互联网规模将更加庞大、结构将更加复杂，依靠人工智能技术从各个层面进行升级是充分发挥其强大能源调控能力的重要保障。未来全球能源互联网将从应用层面拉动人工智能技术的快速发展，人工智能技术也将提高全球能源互联网的稳定性、可靠性和安全性。人工智能时代的到来将为全球能源互联网提供快速发展的条件，全球能源互联网的构建也将为人工智能技术提供不断提升的动力。

二、大数据技术在全球能源互联网中的应用

1 大数据技术的特点

数据中包含着重要的信息，长久以来，人们一直致力于数据的获取和处理。几百年前人们已经开始根据多年积累的天气数据来归纳一个地区的气候

特征，从而对这个地区某个时间段的天气进行预测；而今天的人们可以通过纷繁复杂的金融数据评判一个国家的经济状况，可以通过社交网络中人们的表现预测总统候选人的支持率。人类生活的方方面面已经离不开数据和信息，小到购物网站根据我们的喜好为我们推荐商品，大到人口预测、国防安全、能源利用规划，数据已经成为最重要的元素。对于任何行业，数据和信息都是无价的，对电力行业也是一样。研究表明，数据利用率如果能够提升10%，那么可以为电网带来20% ~ 49%的利润。

人类的生产生活积累了大量有价值的数据

从第二次工业革命到现在已经200多年，电力行业在这些年的发展中积累了大量有价值的数据，这些数据主要包括电力系统运行状态数据、故障数据、营销数据和电力企业管理数据等。一方面，这些数据展现出了一定的电力系统的运行规律、电量和电价的情况，能够为将来电网规划、建设和电力营销系统的管理提供参考；另一方面，电力系统曾出现过多次大范围的故障和事故，对这些数据的应用和处理，将为故障分析和电力系统安全保障提供重要的依据。

每个行业的跨越式发展都是多种技术融合的结果，电力系统想要再次升级，也需要新技术的支撑。一直以来电力工作者都希望多年积累的数据和信息发挥作用，既能够帮助我们更加了解电力系统的本质，又能够预测未来电力系统可以发生的变化。几百年来的电力系统运行，以及20世纪的欧洲大停电事故，21世纪的美加大停电、印度大停电、中国台湾地区大停电等，积累了大量珍贵的数据，如果能够将它们合理利用、准确分析，那么一定会成为电力行业再次飞跃的推动力。尽管当前电力系统领域已经有了很多种数据处理方法，但实际上这些数据并没有得到充分的挖掘，大数据技术的出现，为电力数据的利用提供了新的思路。

大数据技术与传统的数据处理技术有着明显的不同。根据《大数据时代》的论述，大数据技术的特点主要有三个方面。

（1）与传统的抽样处理不同，大数据技术的处理对象是全部的海量数据，这就避免了个别具有特征的数据在抽样时被遗漏从而被忽略的情况，过去抽样处理的数据只能对所有样本做一个整体的描述，而大数据技术处理了全部样本，则可以没有遗漏地描述出所有样本的特征，对于电力系统这样瞬息万变的大系统来说，具有独特特征的数据也是不能被忽略的，因而大数据技术面向整体的处理方式和思想将为电力系统的数据提供极具价值的处理方式。

（2）大数据技术对于数据的要求不在于精确，而在于接受数据的混杂性。这也是处理海量数据必须具备的思想。人们对于大的数据一向是不追求精确性的，因为不精确的数据本身已经可以说明问题了。例如人口普查从来不会将单位精确到每个人，精确到万已经是很小的单位了，而描述一个国家的GDP也绝对不会精确到万以下，因为上亿的人口和GDP已经可说明一个国家的人口状况和经济状况。电力系统数据同样存在这样的特点，不论是运行数据，还是交易数据，乃至故障数据，从数值上讲都是很大的，追求过于精确的数值是没有意义的，从数量级上就可以说明当时的系统运行状况或交易水平。

（3）大数据不探求数据之间的因果关系，而是注重数据间的相关关系。与传统的数据处理方式不同，在处理海量数据的过程中，探求每个数据之间的因果关系是成本极高而且非常低效的办法，不再追求数据之间的因果关系，而是探求数据之间的关联，达到预测新的数据目的，是大数据技术的核心和目的。电力系统的数据也是海量的，分析海量数据之间的因果关系意义也不大，通过相关性进行潮流预测、故障预测才是极具意义的。

另外，大数据技术对于数据存储的要求是很高的。大数据技术能够在近些年获得飞跃，跟数据存储技术的进步是分不开的。相比于天气数据、人口数据、经济数据和人们的行为数据来说，电力数据的体量只多不少，而且有特殊性，所以电力数据的存储技术的不断提升是电力系统大数据的重要保障技术。全球能源互联网将支撑全球的能源消费，将积累海量的运行数据、交易数据以及故障数据，以大数据技术准确地了解全球能源互联网的运行状况、预测未来运行趋势，将成为其实现自我升级、提升智能化的重要支撑和保障。

2 大数据技术在全球能源互联网中的应用及特点

从第二次工业革命开始，电力系统已经为人类服务上百年，也积累了海量的数据。过去的工业发展模式较为单一，跨多个学科的融合的技术并不常见，尽管这些数据中隐藏着电力系统的特点和发展规律，但是由于电力工业与先进数据处理技术并未充分融合，所以这些数据也没能得到充分的挖掘。这些年来，为了能够使这些数据充分为电力系统服务，电力工作者已经在探求将大数据技术应用在电力系统的方法，也形成了诸多研究热点，目前比较前沿的研究主要有采用电力大数据实现对于电力系统进行运行状态的监测、负荷的预测、运行成本的降低以及故障的预测等。

电力系统运行状态的监测，就是通过对电力系统实时运行数据的搜集，判断运行状态，如果通过分析发现当时正处在不正常运行状态或故障状态，则能够发出预警并做出反应。当前通过数据实现的电力系统监测功能主要是从系统和设备两个层面，美国Enphase Energy公司每天会搜集来自80多个国家的电力系统运行数据，通过这些数据对系统的运行状态进行监控，这个系统

对电网运行状态的监测是保证电网安全的重要措施

还会对异常的数据加以分析，判定不正常运行状态。美国电力有限公司从设备的层面进行监控，通过数据分析可以有效地预防设备故障带来的系统异常。

电力负荷预测就是采用电力大数据，结合人口、城市发展等方面的数据，对未来的负荷和用电量进行预测，有效地应用于未来电力系统的规划。目前电力负荷预测已经取得非常显著的效果，对于城市的负荷预测已经可以做到比较精准。而服务于全球能源互联网的负荷预测，将把数据分析扩展到更大的范围，不仅是在城市层面上，还要根据需要从地区、国家乃至全球的视角进行负荷预测。如果说利用传统的数据分析方式可以很好地解决城市层面的负荷预测问题，那么地区、国家乃至全球的数据，就一定要借助大数据的处理方法了。中国在配电层面已经率先展开对于数据的采集和利用，通过先进计量系统（AMI）实现对数据的采集工作，而美国Cloudera公司在全球多个国家建立了电网数据平台，以实现配网监控、发电量预测和电表管理。

通过大数据技术降低系统运行维护成本，是大数据技术在电力系统中极具前景的应用。意大利的Enel公司通过数据监控系统，能够识别和预测电力系统中的非技术性损坏，从而帮助电力公司尽快修复损坏线路或预防类似事件的发生，极大地节约了运行成本。美国公共服务电力和燃气公司则通过对数据的分析，准确预测电力设备的更换时间和更换参数，极大地节约了设备运维的成本。

系统故障预测就是采用电网前期积累的海量数据对未来电网的故障和不正常运行状态进行预测，提前做出防控措施。和电力负荷预测一样，在城市层面的故障预警，采用传统的数据处理方法已经可以达到令人满意的效果，但是服务于全球能源互联网的故障预警，势必要从地区、国家乃至全球的视角展开。届时对海量数据的利用已经不是传统数据处理技术所能做到的。利用大数据技术，探求数据之间的关联性，从另外一个层面挖掘电力数据的价值，利用大数据的算法预测未来电力系统故障发生的类型和位置，提早做出预防和补救，将使电力系统的运行更具稳定性和安全性。

未来全球能源互联网的运行将产生更多有价值的数据，充分挖掘这些数据的价值，深刻理解电网的特征、准确预测电网未来的运行情况，将成为未来电网规划和运维的重要辅助技术。虽然电力行业属于传统行业，但是全球能源互联网的构建，将对大数据技术产生巨大的需求，带动其快速发展，在实践中完善，而大数据技术又会反过来加快全球能源互联网的构建，不断对全球能源互联网进行完善、相互补充，二者相得益彰。

利用大数据技术准确预测电力系统故障是保障电网安全的有效措施

三、无线输电技术在全球能源互联网中的应用

1 无线输电技术的需求

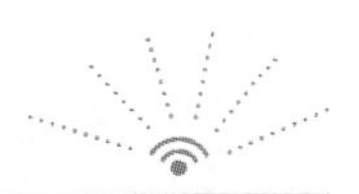

无线输电技术最早是由电气工程师特斯拉提出并展开实验的。20世纪初，特斯拉已经采用“特斯拉线圈”，即大功率高频传输线共振变压器，以地球和电离层作为导体，印证了隔空电能传输的设想，并在美国长岛建成了沃登克里弗塔，以展开远距离大容量无线输电的试验。据说特斯拉在试验时长岛上空常出现几公里长的闪电，当地居民非常害怕，后来因为经费原因，沃登克里弗塔实验被迫停止。尽管因为种种原因导致特斯拉并没有把无线输电技术推广应用，但是他的试验验证了无线输电的可行性，为后来无线输电技术的研究开了先河。

而后电气时代汹涌到来，有线输电成为电能输送的主要技术，人们将杆塔和输电线路布满全球，从高压输电到超高压输电，再到特高压输电，人们将输电线路的输电电压和输送功率不断提升。目前有线输电技术越来越成熟，在全球范围内的规模也越来越大，全球能源互联网也开始逐步构建，电能延伸到了人们生活和生产的各个领域，在这样的背景之下，有线输电的缺点开始逐渐暴露出来。

世界银行的一项研究称，居住在太平洋小型岛屿上的900万居民的通电率仅为20%，大部分居民还无法正常使用电能。这些岛屿大多远离大陆，难以通过传统的有线输电技术从大陆向这些岛屿进行电能输送，而因为这些岛屿的自然环境、用电规模以及交通条件等原因限制，难以建设分布式发电系统，从而用电问题长期难以解决。

太平洋上一些小岛还是不通电的地区

另外，为交通不便、地形条件差的偏远山区供电，在有线输电时代，一直都是一项非常艰巨的任务。

供电安全性一直是大型矿井、油田的供电系统需特别注意的问题，实际上因矿井、油田中用电设备的位置特殊、用电功率需求大，建设电缆为其供电已经非常困难，而在很多情况下，电缆周围环境差，存在短路、过载、漏电等隐患，一旦出现问题，后果不堪设想，所以在电缆维护上必须投入巨大成本。

传统的有线输电方式在为大型机床和设备供电时，接触点常常会出现摩擦火花、绝缘与电气磨损等问题，不良的电气接触还会出现较大的接触电阻，给用电设备带来了极大的伤害，大大缩短了用电设备的寿命，带来了较大的经济损失。

尽管有线输电技术在不断完善，但是上述缺陷仍然不能很好地解决。近些年来，电力行业发展迅猛，得益于电力电子和电磁学的发展，无线输电技术再次获得了人们的关注，并且取得了一些突破，使得无线输电实用化成为可能，为解决上述问题以及人们生产生活中的其他问题提供了新的思路。

2 无线输电技术的原理及应用成果

全球能源互联网的构建过程中，必定要将电能送到世界的各个角落，也必定要为各种各样的设备供电。很多电力线路难以延伸到的地方，无线输电技术将成为为其供应电能的重要方法。目前全世界范围内对于无线输电技术的研究主要集中在短距离无线输电技术、中程距离无线输电技术和远距离无线输电技术三个方面。

短距离无线输电技术利用电磁感应原理，其输电过程如下：交流电源产生电能后，经过整流滤波、变频逆变和一次补偿等过程后，变为高频交流电，并在一次线圈产生磁场，在二次线圈感应出耦合磁场，并利用磁生电原理产生高频电流，再次经过二次补偿、整流滤波等过程后变为直流电，并传送给用电设备。目前短距离无线输电技术还只能传送较小的功率，移动设备和电动汽车的无线充电多采用这种技术。

无线输电技术不需要线路，可以采用信号塔一样的输电塔传输电能

中程距离无线输电技术主要利用磁共振耦合原理，将交流电经过整流及射频放大、电阻调节过程传输到发射线圈中，产生电磁场，而接收线圈经过电阻调节后，会与发射线圈产生磁共振，并耦合出电磁场，从而在线圈中产生电能，经过整流、滤波等过程，将电能输送到用电负载中。麻省理工学院在2006年曾用这项技术成功点亮了2m以外的60W的电灯泡，是目前全球最早成功使用中程距离无线输电技术的案例；2008年9月，美国科学家又成功利用该技术实现了在5m远的距离范围内传输800W电力的试验；2009年，日本利用该技术

实现了在40cm内效率为95%的电能传送。

远距离无线输电技术主要是通过电能发射端将交流电的电能转化为微波或其他形式的信号进行电能传输，接收端接收到微波后，再将其转化为电能使用。因远距离无线输电技术能够解决当前输电领域的诸多难题，因而成为全球范围内的研究热点。早在2001年5月，法国科学家皮格努莱特就利用微波输电技术成功实现了为距离40m的200W电灯泡进行供电；2003年，法国的留尼旺岛上建成了10kW的无线输电试验装置，并为1km外的村落进行持续可靠的供电。

目前日本科学家正在研发可以从太空向地面大量传输电能的无线输电技术，其主要原理也是将电能转化为微波进行传输。这项研究的最终目的是在太空搭建巨型太阳能电池阵列，如果太阳能电池阵列的位置能够高于大气层，那么将不受地球天气的影响，提供稳定持续的电能，太阳能电池阵列所发出的电能将通过转化为微波传向地面。三菱重工已经能够将10kW的电能传输到500m的距离，在无线输电领域实现了巨大突破，尽管传输的过程中还需要巨型的接收天线，传输的电能容量和距离也还不能满足太空太阳能电池阵列设想对无线输电的需求，但是这些年来在应用层面的不断突破，为未来几百公里、上千公里的无线输电技术应用奠定了坚实的基础。

日本科学家正在研究太空太阳能电池阵列

3 无线输电技术的优势

尽管当前有线输电技术已经相当成熟，人类也已经能够通过提升电压来

满足输送容量和输送距离的要求，但是有线输电工程有时会因为工程所在地的环境、地址等因素难以建设，无法满足电力输送需求。无线输电技术可以作为有线输电技术的重要补充，保证全球能源互联网为全世界提供安全可靠的电力能源。相对于传统的输电技术，无线输电技术有着明显的优势，主要表现在以下方面。

（1）无线输电技术在进行电能传输时没有地域的限制。有线输电技术需要依靠输电线路实现电能的传输，所以在为远离大陆的海岛、交通不便的山区、水下探测装置、极地科考站等提供电能时，输电线路难以架设，也就无法实现电能的输送。在这些地区想要使用电能，常需要采用蓄电池或分布式电源，这些发电方式又难以保证供电的稳定性和可靠性，这就给这些特殊地区的用电带来了极大的不便。采用无线输电技术，完全规避了输电线路架设的困难，可以直接从能源中心向这些隔离区域供电，也可以保证供电的稳定性和可靠性。另外，海上风电逐步兴起，海上风电向内陆地区输电的技术越来越受到关注，当前主流方式是通过架设海底电缆将海上风电输送到内陆，这样的方式既需要耗费巨大的成本，维护起来又相当困难，无线输电技术就可以避免海底电缆的架设，节约了建设和运维成本。

无线输电技术是海上风电外送的有效解决方案

（2）无线输电技术将使输电工程更具经济性。当前的有线输电工程中，输电线路是工程建设的主要部分，包括原材料及施工在内的成本是相当高的。无线输电技术不需要架设输电线路，会大幅减少工程造价；另外，传统的输电线路为避免影响正常通信常需要采取一定的降噪措施，无线输电技术从原理上是不会影响通信的，从而不需要进行降噪，也减少了建设成本。

（3）无线输电技术可以避免输电线路对用电设备造成的损害。无线输电技术避免了线路和用电设备的直接接触，减少了磨损和开关启停时接触点对设备的各种损害，降低了设备所受到的物理损伤，延长了设备的使用寿命。

（4）无线输电技术具有很强的供电可靠性。当雪灾、地震等自然灾害发生时，输电线路总会受到一定的损害，杆塔倒塌、线路短线是经常发生的故障。在自然灾害发生后，恢复供电往往难度很大，而如果恢复供电不及时，又会影响一个地区的供电和用电，严重时还会影响整个区域电网的正常运行。2011年日本福岛地震后，福岛核电站外解的电网全部瘫痪，导致数千户人家久久无法恢复供电。如果采用无线输电技术架设电网，因为本身不存在杆塔和线路，所以供电可靠性不存在受到自然灾害影响的可能性。另外，对于已经存在的电网，如果将其改造为无线输电线路，那么一方面可以提高其供电可靠性，另一方面无需重新架设杆塔、搭接线路，可以节约无线输电工程的成本。

无线输电技术能够迅速实现灾害后的电力恢复

4 无线输电技术的发展趋势

尽管无线输电技术拥有上述优势，但是还有一些技术上的问题尚未解决，导致无线输电技术难以推广应用。当前无线输电技术存在的问题主要包

括以下方面。

（1）如何提高传输功率和增加传输距离。当前已经建成的无线输电工程，所传输的功率都较小，传输距离一般较近，在短距离内传输小功率在实际中是没有意义的。所以，如何提升无线输电技术的输送功率，增加无线输电技术的输送距离，是一个非常重要的问题。

（2）如何减小输送损耗。无线输电技术利用空气作为传输介质，但是空气本身是不均匀的，所以在传递的过程中不可能达到完美的谐振，所以传输过程中一定会有损耗，如何减少输电过程中的损耗，也是需要解决的问题。

（3）在无线输电大规模推广前，必须首先明确电能输送通道的所有权和电能传输的标准。无线输电技术不需要输电线路，因此在电能传输中并没有明显的界限，为保证全球无线输电系统的安全和有序，首先需明确电能输送通道的所有权和电能传输的标准，从而保证未来无线输电的应用中不会存在所有权纠纷或传输不匹配的问题，这是非常重要的前期工作。

（4）如何保证输电安全性。尽管无线输电技术不存在输电线路，但在电能传输过程中仍然会因为传输介质或者输电频率等问题出现不正常运行或故障，另外，无线输电技术实际上是将电能转换成信号，将来可能会出现不法分子利用信号设备干扰供电的情况，提前对这些情况进行研究和预防，也是保证输电安全的重要手段。

（5）如何减小与非接收物的互相影响。采用无线输电技术，电能输送时一般会有目标用户，但是在传输过程中常常会遇到非目标用户，如何减小无线输电信号与非目标用户之间的相互影响，也是保证无线输电效率的重要问题。

在全球能源互联网的构建中，无线输电技术势必会发挥巨大的作用，但当前电力能源应用的实际情况、电网的特征以及无线输电技术所存在的尚未解决的一些技术问题，决定了在今后很长一段时间，有线输电将仍然是主流的输电方式。但是随着近些年来对于无线输电技术研究的不断深入，以及用电需求逐渐变得多样化，有线输电技术与无线输电技术搭配使用逐渐成为重要趋势。有线输电技术可以在大范围、广阔的区域内完成电能的传送，为大部分用电设备供电，无线输电技术则可以将电能传送到有线输电难以延伸到的区域，并为类似于海地探测工具等供电。未来有线输电技术和无线输电技术的搭配应用，将使电网的供电能力进一步增强，供电范围进一步扩大，将保证全球能源互联网的电力供应延伸到全球的各个角落。

四、先进电力设备在全球能源互联网中的应用

电力系统的发展与电力设备制造和生产水平息息相关，电力系统的规模越大、复杂程度越高，对电力设备的要求就越高。全球能源互联网将联结全球的能源网络，实现全球能源的互联互通，将成为有史以来最大、最复杂的电力系统。因此，在全球能源互联网逐步构建的过程中，对电力设备的要求将越来越高。当前，一些先进电力设备已经完成研发并投入运行，这些设备一方面保障了大规模电网的安全稳定运行，另一方面为全球能源互联网的构建提供了坚实的基础。

1 先进无功补偿设备

无功功率是电力系统运行中的重要指标，无功功率不足或过多将直接影响电力系统的电压稳定性，因此无功功率平衡是电力系统安全稳定运行的重要保障。一般采用无功补偿装置保障电力系统的安全稳定运行，无功补偿装置能够在电力系统无功功率不足时输出无功功率，在电力系统无功功率过多时吸收无功功率，保证电力系统的无功平衡。

先进无功补偿技术是电力系统稳定运行的重要保障

调相机是重要的无功补偿设备。从原理上看，调相机是一种同步电机，只运行在吸收或发出无功功率状态。电网中的调相机的作用相当于一台发电机，当无功功率不足时，发出无功功率，当无功功率过多时，吸收无功功率。调相机的优点在于其安全性较强，缺点是调节时间较长，运行状态的转化需要1s以上。在过去的电力系统工程中，采用调相机作为无功补偿装置的情况很常见，后来静止无功补偿装置开始替代调相机成为重要的无功补偿设备。近些年来，为保障运行安全性，一些大型电力工程仍然选用调相机进行无功补偿。中国在2018年在浙江电网金华换流站附近安装了2×300MVar调相机，有效保障了在直流落点密集、受电比例高的浙江电网的安全稳定运行。

SVC（Static Var Compensator，静止无功补偿装置）是借助电力电子设备实现无功补偿的电力设备，主要包括晶闸管控制电抗器（TCR）、晶闸管控制高阻抗变压器（TCT）、晶闸管投切电容器（TSC）、TSC+TCR混合装置、TCR+固定电容器（FC）等。SVC的优点是能够连续调节电网的无功功率，抑制功率振荡和电压闪变，抑制动态过电压，提高系统的静态稳定性和暂态稳定性。自世界第一台SVC由GE公司研发成功后，SVC在世界范围内获得了广泛的应用，美国、日本以及中国等国家已经有了大量的SVC在电力工程中应用的实例，中国在2010年投运的±800kV云广特高压直流工程及多个500kV及以上的交流输变电工程中使用了SVC，在实际运行中，有效保证了换流站和变电站母线电压稳定性，缩短了故障发生后的电压恢复时间。

可控串联补偿（TCSC）由补偿电容器与TCR并联而成，并配有旁路开关和氧化锌避雷器，能够通过电容器和电抗器的配合调节向电网中输入或从电网中吸收无功功率。TCSC能够通过晶闸管控制输电线路中的电抗值，大范围地调节线路输送功率，提升线路的输电能力，增强电力系统的稳定性，抑制次同步谐振及电压和功率的波动。美国的Slatt变电站、瑞典的Stode变电站以及巴西南北联络线都应用了TCSC装置，中国也在广西平果变电站等多个电力工程中使用了TCSC，在实际运行中对线路输送功率及线路稳定性起到了良好的控制作用。

STATCOM（Static Synchronous Compensator，静止同步补偿器）理论上是一种新型的SVC，它采用可关断的大功率电力电子器件组成自换相桥式电路，通过电抗器与电网并联，可以发出或吸收满足要求的无功功率，实现对于电网感性无功或者容性无功的补偿。STATCOM无论在无功补偿能力还是在电压波动、功率波动、谐振及次同步振荡的抑制能力上都要好于传统的无功补偿方法，响应时间也短，但是价格较高，装置本身较为复杂，需要特别注意其稳定性问题。中国曾在青藏直流联网工程、东莞水乡500kV交流变电站、广州北郊500kV交流变电站以及广州木棉500kV交流变电站等电力工程中安装了STATCOM。

2 统一潮流控制器（UPFC）

无功补偿技术可以维持电网的电压、功率等参数的稳定，从某种程度上说是对于电网潮流的控制，但是无功补偿技术只能对无功功率（即电压）进行控制，而实际运行中，实现对有功功率的控制也是保障电网安全稳定运行的重要方式。在电工理论中，电网中有功功率的分布与电网本身的自然电阻有关，要控制电网的有功功率，就要改变电网的电阻值，通过并联电容及电抗的方式是无法使电网的自然电阻发生变化的，所以很多年来只能对电网中的电压进行控制，还无法有效地实现对有功功率的控制。

UPFC（Unified Power Flow Controller，统一潮流控制器）就是一种可以实现有功功率和无功功率共同控制的先进电力设备。自从1991年L.Gyugyi提出了这一构想后，UPFC获得了极大的关注，电力工作者也展开了广泛的研究。UPFC可以看作由STATCOM与静止串联同步补偿装置（SSSC）并联组成的电力电子装置，SSSC可以与线路进行有功功率交换，增加线路的输电能力，并且提高线路的可控性。因此，在UPFC中，

潮流控制成为用电稳定可靠的重要保障

STATCOM可以控制线路的无功功率，SSSC可以控制线路的有功功率，通过可靠的控制方法，就可以实现STATCOM与SSSC的协调与配合，同时控制有功功率和无功功率，实现对潮流的统一控制。

UPFC是目前性能最强大的柔性交流输电装置，可以大范围调节电网潮流，大幅提升线路输送功率，抑制系统振荡，提高电网的稳定性和安全性。目前UPFC已经投入实际应用，美国于1998年建成了世界上第一个UPFC工程，该工程安装在肯塔基州的一条138kV输电线路上，多年来显著提升了线路的输电能力，优化了系统的动态性能。中国南京220kV西环网UPFC示范工程于2015年投运，到目前为止已经安全稳定运行900多天，该工程在中国用电量最大的城市之一南京的潮流优化、削峰填谷过程中起到了重要的作用。中国苏州南部电网500kV UPFC科技示范工程已于2017年12月投运，苏州市是中国用电负荷最大的地级市，是四条直流输电工程的落点，每年用电高峰期，电网的稳定性就面临着巨大的挑战。UPFC在苏州电网中的应用，通过对潮流的控制实现了电能输送的合理规划，保障了供电可靠性和电网安全性。

先进无功补偿装置、UPFC等利用电力电子元件，结合先进控制技术、先进通信技术等具有通过调节线路无功功率来提升电网性能的技术称为柔性交流输电技术。在电力负荷日益增加，电网越来越复杂，潮流分布不合理的情况下，柔性交流输电技术的出现，为电网潮流优化、电力线路输电能力的提升提供了有效的方法。全球能源互联网中的电力潮流将比当前电网更加复杂，在各个国家和地区用电负荷、用电习惯以及峰谷时间不同的情况下，为保证电网的安全稳定运行，需要有计划地对潮流进行精确控制。未来柔性交流设备在全球能源互联网的潮流控制中，将扮演非常重要的角色。

3 气体绝缘金属封闭输电线路（GIL）

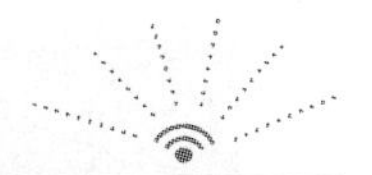

全球能源互联网将延伸到世界上需要电力能源的各个角落，线路难免经过气候恶劣、环境条件差的地方。在当前的电力系统运行中，由外部环境导致电力线路损坏而引起的停电事故时有发生，因此，保障输电线路不被损坏，对于保证电力系统可靠供电和安全运行非常重要。

GIL（Gas-insulated Transmission Lines，气体绝缘金属封闭输电线

路）采用特殊的结构以提高其性能。GIL由同心的合金铝导体与合金铝接地外壳组成，导体与外壳之间通过绝缘子进行连接。对于大多数GIL，常采用三柱式绝缘子进行导体与外壳的连接，当需要进行气体隔离的时候，也采用盘式绝缘子进行连接。导体与外壳之间填充SF_6气体进行绝缘，新型GIL也采用SF_6和N_2的混合气体进行绝缘，使其绝缘性能更强。相对于传统的架空线路和电缆，这种结构强度更大。另外，不论是GIL基础支架，还是导体及外壳的连接，以及SF_6气体密度的监测装置，都经特殊而严格的工艺制造而成，使得GIL在实际运行中能够表现出良好的性能。

GIL的外壳能够抵抗恶劣的外部环境，因其直径大、电容小，适合远距离输电，因为有外壳包护、SF_6气体的隔离，GIL又具有电磁干扰小、绝缘性强的优势，另外，GIL还可以直接埋在地下，节省输电走廊。而在实际工程中，GIL也暴露出了一些缺陷，比如GIL的成本较高，是常规输电导线的5～6倍，以及存在SF_6气体泄漏问题等。

地势陡峭的水电站、矿井等电缆敷设难度大的工程常使用GIL

当前GIL技术的优势已经在实际工程中得到检验，属于很成熟的技术，早在1998年法国电力公司就采用直埋式敷设建设了一条长度为300km、额定电压为400kV的GIL输电线路。该线路额定容量2GVA，采用SF_6和N_2混合气体绝缘。该线路建成后一直保持安全稳定运行，在高负荷运行的情况下保持着良好的性能。位于中国金沙江上的溪洛渡左岸电站在建设过程中，为了将线路引出，在竖井内采用了GIL垂直敷设，敷设线路共有7条，总长度11700m以上，七回线路安装在两个竖井中，垂直高度有470m和480m，是目前世界上规模最大的竖直安装的GIL工程。中国淮南—南京—上海1000kV特高压输变电工程苏通段，输电路线需要跨过长江，并不适合建设架空线路，因此采用了GIL作为江底输电线路，该线路是世界上电压等级最好的江底线路，建成后将满足35000MW的用电需求。

4 虚拟同步机技术

可再生能源并网技术一直是可再生能源技术发展的瓶颈，多年来由于并网困难导致可再生能源无法得到充分的消纳，出现了“弃风”“弃光”现象，是对能源极大的浪费。如果可再生能源不能稳定地并入电网，那么通过全球能源互联网实现全球清洁能源的调度也只是空谈，因此，可再生能源并网消纳是当前亟待解决的重要问题之一。虚拟同步机技术就是一种解决可再生能源消纳问题的有效方法。

可再生能源发电系统之所以在并网时出现各种问题，其根源在于控制方法不完善以及设备本身的特性等问题，导致用于并网的电力电子换流器输出的电能无法与电网的各种参数保持一致或达到电网的要求。火力发电和水力发电所采用的同步发电机，就可以保证输出电能满足并网要求，甚至可以起到提高电网稳定性的作用。虚拟同步机技术在可再生能源并网所用的电力电子换流器的控制环节，引入同步机的机电暂态方程，使电力电子换流器在输出特性上与同步电机相似，如果采用只看输出的黑箱视角，带有虚拟同步机的可再生能源发电系统就像一个正在发电的同步发电机，这样可再生能源发电系统就可以像同步电机一样并入电网。

目前虚拟同步机技术是解决可再生能源并网的重要方法，但是在实际应用中也暴露出了一些缺陷。虚拟同步机的电压特性、短路故障时所能承受的故障电流都比不上真正的同步发电机，但虚拟同步机却有着与同步发电机类似的振荡特性。当前虚拟同步机还缺乏统一的行业标准，也是制约其快速发展的重要因素。

虚拟发电机的研究已经持续近30年，但是在全球范围内实际工程非常少。值得一提的是，虚拟同步机不仅被用于虚拟同步发电机，还可以被用作负荷，作为稳定的并网换流器将电动汽车充电桩与电网相联。未来电力电子设备在电网中用得越来越多，为了保证电能质量和电网的稳定性，对电力电子设备进行特殊的控制是非常必要的，虚拟同步机就提供了一种改善电力电子设备输出性能的思路。中国于2017年在可再生能源基地张北县的国家风光储示范工程中安装了2台5MW的虚拟发电机，用于支撑该地区可再生能源的并网。目前一些微电网试点工程也计划安装虚拟同步机，以保证微网系统的供电稳定性和可靠性。

虚拟同步机技术将保证可再生能源的稳定送出

先进的设备生产水平是全球能源互联网发展的基础，当前电网的规模越来越大，电力设备已经不仅仅在局部发挥作用，设备与系统以及设备与设备之间的相互影响已经无法忽视，电网越大，对于设备的性能要求就越高。全球能源互联网将形成有史以来规模最大、结构最复杂的电网，这必将带动先进电力设备的生产。未来为满足全球能源互联网的需求，电力设备的生产工艺水平必将越来越高，功能将越来越丰富，性能也将越来越强。